中古リノベーションで実現した
オシャレで暮らしやすい住まい

Case study 01　倉敷市Ｈ様邸

趣味のＤＩＹを生かして
ヴィンテージ感のある家に

和室と広縁をつなげることで広い空間が。存在感のあるソファを中心に据え、DIYで作ったローテーブルでヴィンテージ調を演出

Before

もともと８畳と６畳の和室だった部屋は、日当たりの良さを生かして広々としたLDKにリノベーション

Data／
施工面積◎119㎡（36坪）　工事期間◎約4カ月
施工箇所◎1階全面　築年数◎42年

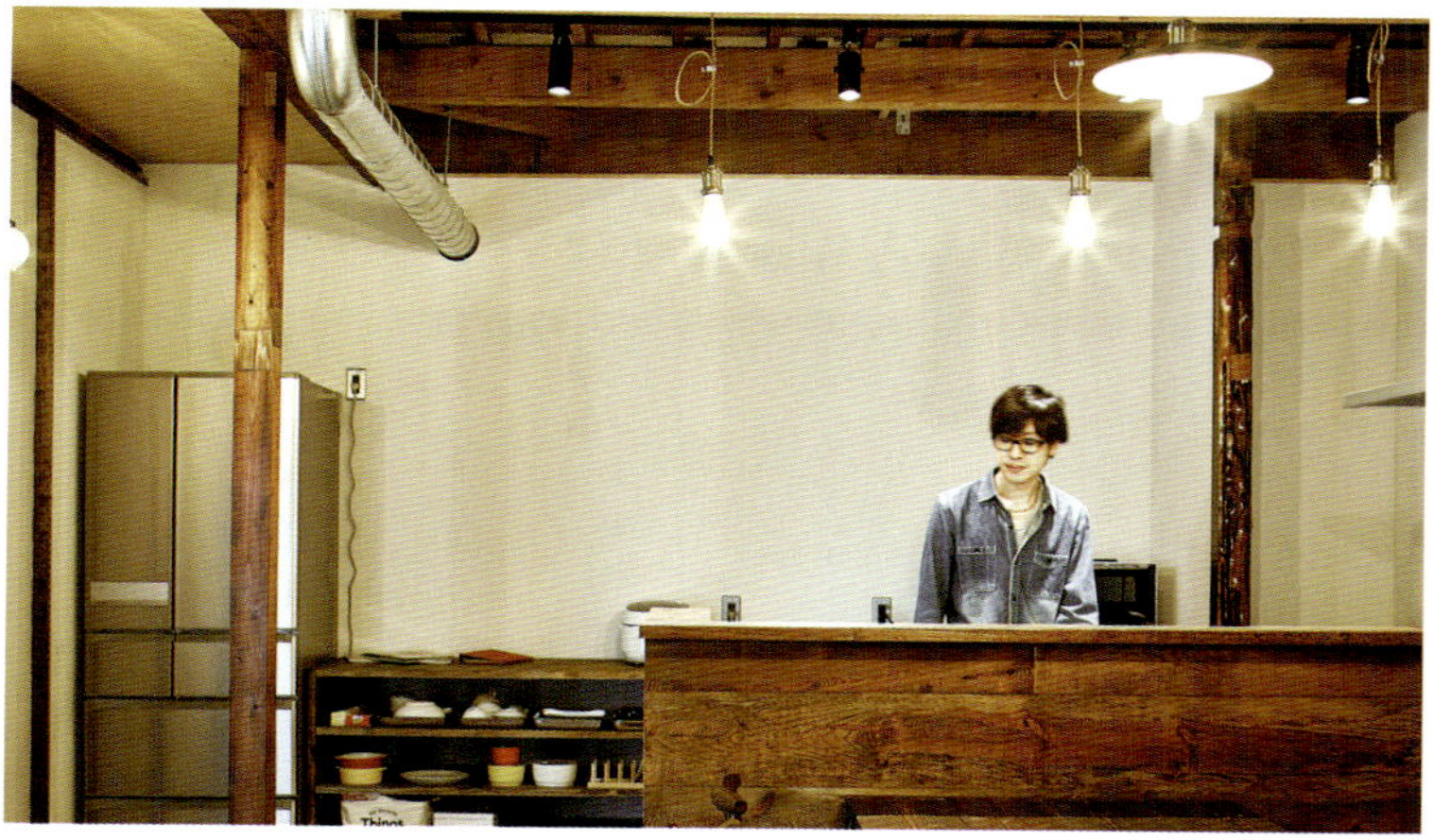

趣味のDIYを生かした家づくりを楽しむ

古いタンスを再利用して靴箱に。式台はDIYで作ったもの

裸電球がオシャレな洗面台は明るく清潔感がある

ダイニングの椅子は、実家の椅子をリメイクしたもの

Case study 02 倉敷市U様邸

築100年の古民家で「自宅でカフェ」を実現

まるでカフェのようなカウンターキッチン。離れで眠っていた食器を選んでディスプレイしている

壁、天井を抜いて一度スケルトン状態に。耐震性を考え、耐力壁を入れた

Data／施工面積◎母屋:147.98㎡（44.76坪）
離れ:18.43㎡（5.58坪）
施工箇所◎母屋と離れ全面
工事期間◎6カ月
築年数◎約100年

屋根に薪ストーブの煙突が見える。屋根はガルバリウム鋼板にして軽量化した

天井を高くし、開放感のあるリビングの中心には薪ストーブを

十数年、使い続けているダイニングテーブルとチェア

ソファのある窓際は明るく、サイドテーブルを置いてさらにくつろげる空間に

Case study 03 総社市T様邸

桃農家に転身、実家をご夫婦二人の住処へ

素晴らしい吹き抜けのリビングには念願の薪ストーブ

全体的に暗い印象の実家。キッチンは特に明るさが足らなかった

Data／施工面積◎180.38㎡(54.6坪)　工事期間◎7カ月
施工箇所◎母屋全面　築年数◎約80年

壁と天井に窓を入れて採光することで明るいキッチンに

ワイン好きな奥様のためのスペース

リビングの床には無垢材を使用。経年変化を楽しみにしているというご主人

グランドピアノが思いっきり弾ける部屋を造った

Case study 04 浅口郡里庄町T様邸

趣味を生かしたゲストハウスを交流拠点に

炉があり趣のある玄関ホールの横がカフェスペースになっている

今では珍しい、見事な茅葺き天井

茶室もあり、にじり口から入る

Data/
施工面積◎98.27㎡(29.73坪)
施工箇所◎客室と玄関ホールを除く全面
工事期間◎10カ月
築年数◎約80年

おばあちゃんの家に帰ってきたかのような懐かしさが感じられる

こだわりがある茶室

陶芸や音楽など多趣味なT様

壁が古く崩れそうになっていた築80年の古民家

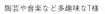

LDK

廊下とLDKの床の差を埋めるために式台を入れた

デザインと省スペースを考えて最低限の機能を備えたキッチンに

機能的な天窓と レンガ調のタイルで こだわりの空間演出

Before

畳の下を収納スペースとして活用。高さは腰掛けやすさを考えて40cmにした

収納を兼ねた琉球畳が魅力的な畳コーナー

部分リフォームの実例

Roof・Outer wall 屋根・外壁

外観を白から
モスグリーンに変えて
イメージを一新

Before

Washroom

洗面所

こだわり抜いて
ホテルのような空間に

Before

Toilet

トイレ

ゆとりの空間で
収納棚も設置

Before

Bathroom

風呂

オール電化の
快適バスルームへ

Before

リフォーム費用の目安

内装・建具	外回り	水回り
戸建て内装（6帖） 8万円～ 30万円	外壁を 塗り替え（30坪） 50万円～ 150万円	システムキッチンの交換 40万円～ 200万円
マンション内装（6帖） 15万円～ 40万円	玄関ドアを交換 18万円～ 50万円	食器洗浄機の設置 15万円～ 25万円
和室を洋室に 変更（6帖） 35万円～ 60万円	オール電化工事 35万円～ 100万円	洗面化粧台を交換 4.5万円～ 30万円
床暖房を設置 25万円～ 30万円	ユニットバスを交換 60万円～ 180万円	便器を交換 8万円～ 30万円

全面改装

リフレッシュリフォーム

（マンション 7万円〜／㎡）
（戸建て 21万円〜／坪）

リフレッシュリフォーム工事内容

和室
●出入り口建具取り替え
●畳表替え
●襖紙・障子紙張り替え
●壁：ジュラク塗り替え
またはクロス張り替え

LD・洋室
●出入り口ドア取り替え
●床：フローリング張り
●壁・天井：クロス張り替え

浴 室
●システムバス取り替え

キッチン
●システムキッチン取り替え
●キッチンパネル張り
●床：フローリング張り
●壁・天井：クロス張り替え

洗面・トイレ
●洗面化粧台取り替え
●シャワートイレ取り替え
●ドア取り替え
●床：クッションフロアシート張り
●壁・天井：クロス張り替え

玄関・廊下・階段
●玄関土間：タイル張り
●玄関ドア取り替え
●床：フローリング張り
●壁・天井：クロス張り替え

その他設備機器
● 24号 給湯器取り替え
（台所＆浴室リモコン付）
●スイッチ・コンセント
プレート取り替え

戸建てのみ

外壁塗装・屋根塗装
●水性シリコン塗装

防蟻・防湿処理
耐震診断
●簡易耐震診断

スケルトンリフォーム

（マンション 10万円〜／㎡）
（戸建て 31.5万円〜／坪）

スケルトンリフォームの場合上記リフレッシュリフォーム＋下記の内容が含まれる

間取り変更
床・壁・天井
●床・壁・天井下地組み替え
●給排水管取り替え
●配線・分電盤取り替え

戸建てのみ

断熱材施工
●床・壁・天井断熱材取り替え
（外壁側のみ）

耐震補強
●耐震診断　●金物、筋交い補強

隣室とつなげて広いLDを造る
150万円〜180万円

壁面いっぱいに書棚を造作する
20万円〜30万円

内窓を設けて断熱性を上げる
3.8万円〜

ホームインスペクション　住宅診断

日本の住宅市場は、従来の「フロー型」から新しい「ストック型」へと移行する時期

これまでは建てた家を壊し、新たに建て替えるというのが当たり前でした。しかしこれからは、住宅を住み継いでいくようになります。そのためには、中古住宅の建物の状態を把握しなければ、売り手も買い手も不安が残ります。その不安を解消させるのが「住宅診断」（ホームインスペクション）です。耐震性を高めるためにも、住宅診断は有用です。

診断項目

ホームインスペクター（住宅診断士）が目視確認に加え、鉄筋探知機などさまざまな専門器具を使って詳細な検査を行います。

①バルコニー
防水層の破断・はがれ、床や支柱部分の欠損・腐食、手すりのぐらつきなど

②外壁
ひび割れ、欠損、はがれ、変色やコケ・カビ・藻の付着、シーリング材の破断など

③柱および梁
ひび割れ、劣化、欠損、傾斜、腐朽（カビ・キノコ類の付着を含む）など

④土台
木材の劣化・ひび割れ、腐朽、蟻害、濡れ（水分が手につく程度）など

⑤基礎
ひび割れ、欠損、鉄筋の露出・さび汁・爆裂、蟻害、鉄筋の本数の不足など

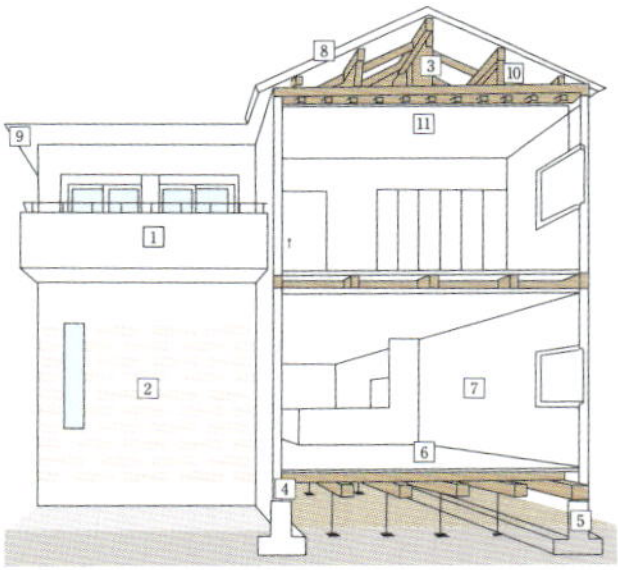

⑥床
傾斜、沈み、床鳴り・きしみ、下地材まで到達するひび割れ・劣化、腐朽など

⑦壁
傾斜、腐朽、仕上げ面の雨漏り跡・はがれ、取付下地まで到達するひび割れなど

⑧屋根
破損、ずれ、ひび割れ、浮き・はがれ、変色やコケの発生、金属部の腐食など

⑨軒裏
ひび割れ、欠損、シーリング材の破断・欠損、雨漏りの跡、腐朽など

⑩小屋裏
結合金物の腐食・緩み、木材端部の割裂、腐朽、蟻害、雨漏りの跡、濡れなど

⑪内壁と天井
雨漏りの跡、水染み跡、はがれ、亀裂、取付下地まで到達するひび割れなど

住宅診断の流れ

知識と経験豊かなホームインスペクターが一貫してサポート。建物のプロとして中立的な立場で住宅を診断し、ご報告いたします。

お問い合わせ お見積り → お申込み → 日程調整 → 検査実施 → 結果のご報告 → アフターフォロー

岡山で
これから家づくりを
はじめる人に知ってほしい

中古リノベーションというすごい選択

安藤辰
SHIN ANDO

ザメディアジョン

はじめに

中古リノベーションを、物件探しから資金計画、不動産購入、リノベーション施工まで一貫したワンストップサービスで提供しているのが当社、株式会社安藤嘉助商店です。

明治16年に創業してから136年を数え、時代の変化とともにさまざまな業態を展開してきましたが、高度経済成長期に住宅が大量に供給されるようになり、この頃から住宅設備工事の下請けをはじめました。ここ20年は元請け会社として新築やリフォームを手がけ、不動産業務も担うことで「住宅総合ワンストップサービス」を掲げ、地域に根ざして信頼を得てきた当社ならではの提案を行っています。

リフォーム・リノベーションにおいては年間約2000件、これまで大小合わせて約4万件を手がけてきました。規模も1万円以下の小工事から5000～6000万円の古民家再生まで幅広く、設計も施工管理も社内の部門で担当しているので、お客様からの信頼にもつながっているという実感があります。

そうして家のことを知り尽くした当社だからこそ、一生に一度の、後悔のない家づくりがお手伝いできると自負しています。

岡山という地域に根ざした住宅会社として、本書は主に岡山でマイホームを実現したいという方に向けて上梓したものです。本書が、夢に描いたマイホームを一人でも多くの方に実現していただくための手引きとなれば幸いです。

カスケホーム 株式会社安藤嘉助商店

代表取締役　**安藤 辰**

CONTENTS

CONTENTS

第3章

中古リノベーション物件の購入が簡単にできる7ステップ

CONTENTS

STEP5【リノベーションプランと合わせて物件購入を決める】――90

STEP6【長く住める耐震性能を確保できるか確認する】――104

CONTENTS

3世代同居の家を全面リノベーション――140

CONTENTS

第1章

日本が抱える社会問題を解消するアイデア

社会問題①
日本の空き家率の高さ

過去最高を記録した空き家率

「空き家問題」。この文字を、あなたも一度はテレビやインターネット、新聞、雑誌などで見たことがあると思います。日本では今、空き家が大きな問題となっています。

総務省の「平成30年住宅・土地統計調査」によると、日本の空き家数は８４６万戸となっています。総住宅数は６２４２万戸であり、空き家率は13・６％と過去最高となりました。

８４６万戸の空き家の内訳を見てみると、「賃貸用住宅」が４３１万戸、「売却用の住宅」が29万戸、「二次的住宅（別荘など）」が38万戸、

「その他の住宅※」が347万戸となっています。

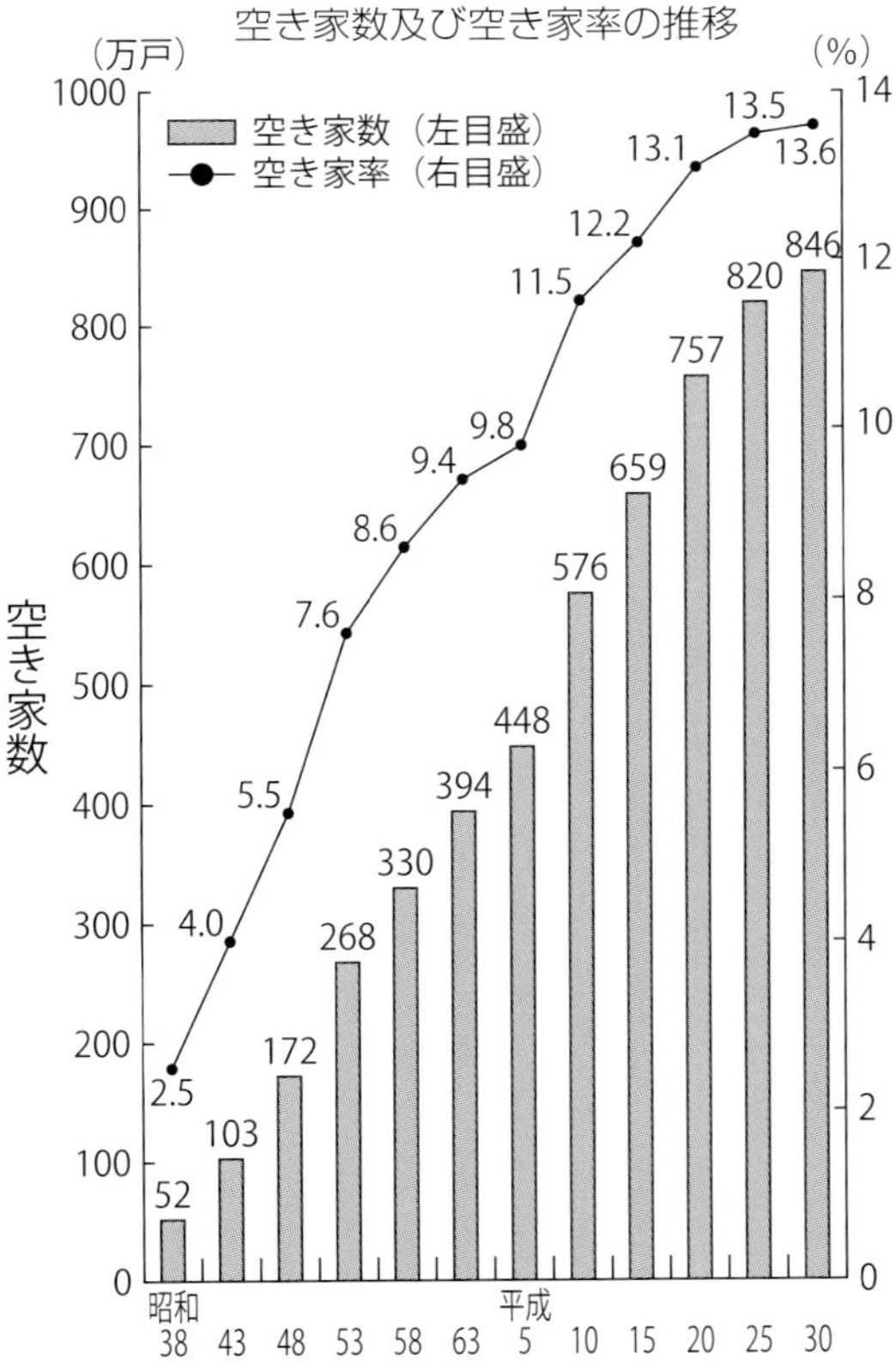

出典：総務省「平成30年住宅・土地統計調査」

※「その他の住宅」とは、転勤・入院などのために、長期にわたって居住者が不在の住宅や建て替えで取り壊す予定の住宅などのほか、空き家の区分の判断が困難な住宅などを含む。

今度は都道府県別に空き家率を見てみましょう。もっとも高いのが山梨県で21・3％、次に高いのが和歌山県で20・3％となっており、この2県は20％を超える空き家率となっています。四国の4県は全てトップ10に入っており、特に四国と甲信地方の高さがうかがえます。

日本はどうして、空き家が増えてしまったのでしょうか？

平成30年都道府県別空き家率の分布図

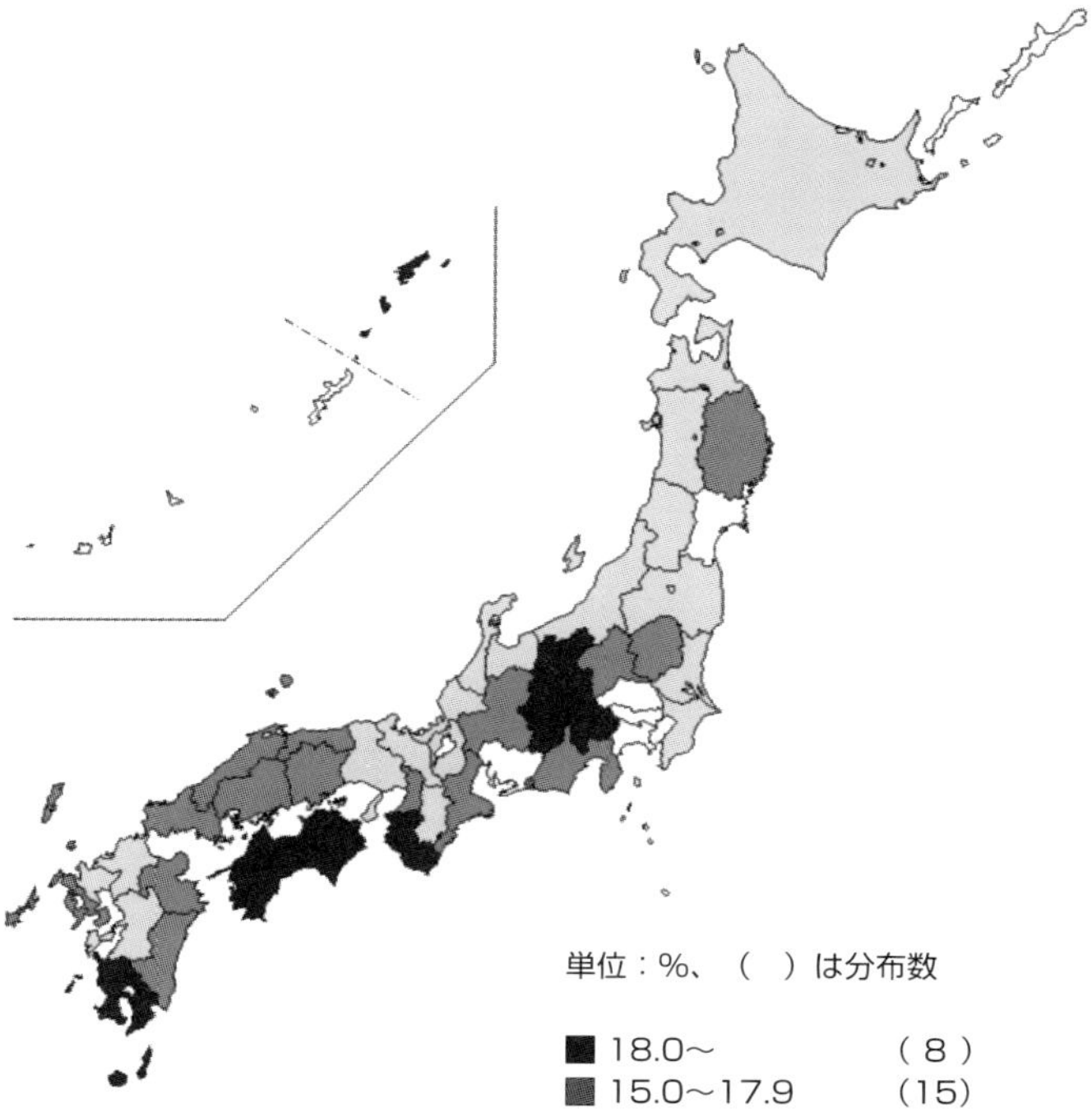

出典：総務省「平成30年住宅・土地統計調査」

順位	都道府県名	空き家率
1	山梨県	21.3
2	和歌山県	20.3
3	長野県	19.5
4	徳島県	19.4
5	高知県	18.9
6	鹿児島県	18.9
7	愛媛県	18.1
8	香川県	18.0
9	山口県	17.6
10	栃木県	17.4
11	大分県	16.7
12	群馬県	16.6
13	静岡県	16.4
14	岩手県	16.1
15	岐阜県	15.6
16	岡山県	15.5
17	鳥取県	15.3
18	宮崎県	15.3
19	三重県	15.2
20	大阪府	15.2
21	島根県	15.2
22	広島県	15.1
23	長崎県	15.1
24	青森県	14.8
25	茨城県	14.7
26	新潟県	14.7
27	石川県	14.5
28	福島県	14.3
29	佐賀県	14.3
30	奈良県	13.9
31	福井県	13.8
32	熊本県	13.6
33	秋田県	13.5
34	北海道	13.4
35	兵庫県	13.4
36	富山県	13.2
37	滋賀県	13.0
38	京都府	12.8
39	福岡県	12.7
40	千葉県	12.6
41	山形県	12.0
42	宮城県	11.9
43	愛知県	11.2
44	神奈川県	10.7
45	東京都	10.6
46	埼玉県	10.2
47	沖縄県	10.2

出典：総務省「平成30年住宅・土地統計調査」

なぜ、空き家はできてしまったのか？

日本は戦後、爆発的に人口が増えていきました。1950年は約8000万人だった人口が、2000年には約1億2000万人と、50年間で1・5倍になったのです。さらに、高度経済成長で豊かになった日本人は、誰もがマイホームを持てる時代になり、国土のなかで住宅を建てられるエリアを拡大し、寿命の短い新築住宅を大量に建てていきました。

しかし、人口は約1億2000万人をピークに、急速に減少しはじめました。人が減れば、それまで必要とされていた家も必要なくなります。例えば、賃貸物件は「駅から遠い」「都心から遠い」「狭い」「家賃が高い」といった条件の悪い物件から次第に空き家へと変わっていったのです。

日本の総人口の長期的推移

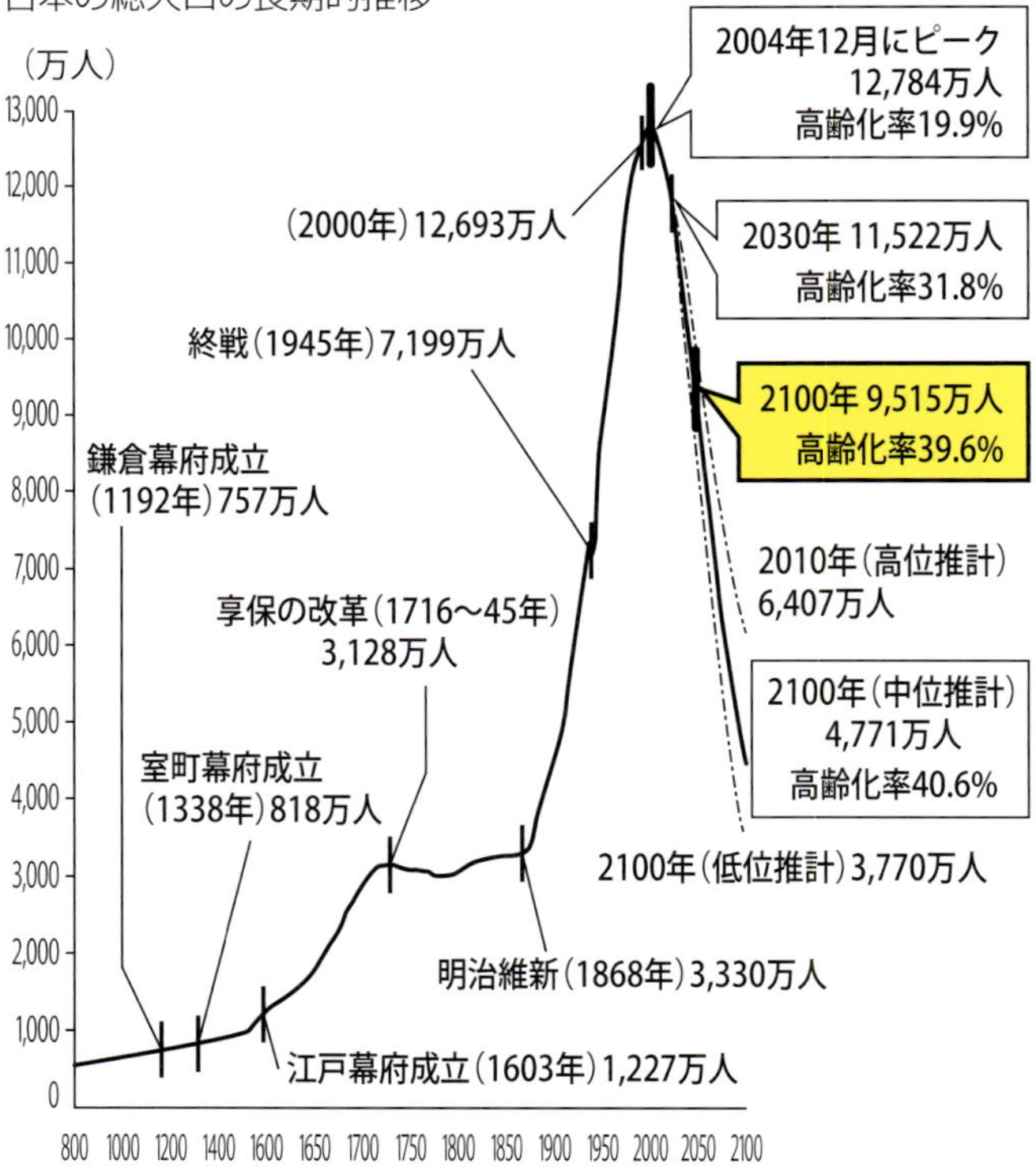

出典：「国土の長期展望」中間とりまとめ 概要（平成 23 年2月 21 日 国土審議会政策部会長期展望委員会）

こうしてできてしまった**空き家を今後、増やさないためには、新築物件の数を減らしていき、並行して中古物件市場を活性化させていく必要**があるのです。

日本の空き家問題を解消する中古リノベーション

2020年までに中古住宅の市場規模を拡大させる

平成24年に、国土交通省は今後の中古住宅市場に関して国の向かうべき方針を示した「中古住宅・リフォームトータルプラン」を発表しました。これは、今までの新築中心の住宅市場から、リフォームによって住宅ストックの品質・性能を高めた上で、中古住宅流通によって循環利用されるストック型の住宅市場への転換を図るための施策であり、2020年までに日本の中古住宅流通・リフォーム市場規模の拡大を目指すとされています。

現在の日本における既存住宅流通シェアは14・7%（国土交通省 平成29年度 住宅経済関連データより）です。アメリカ、イギリス、フランス、ドイツなどの欧米と比べると小さいものの、首都圏では新築マンションの取引量を中古マンションが上回る状況であり、中古住宅流通の活性化が見られはじめています。

岡山県に目を向けると、「家を持ちたい」と考えた場合、大抵の方はまず新築をイメージすると思います。新築も注文住宅・建売・分譲マンションなどさまざまです。ところが、前述した国の方針を受け、近年に

既存住宅流通シェアの推移

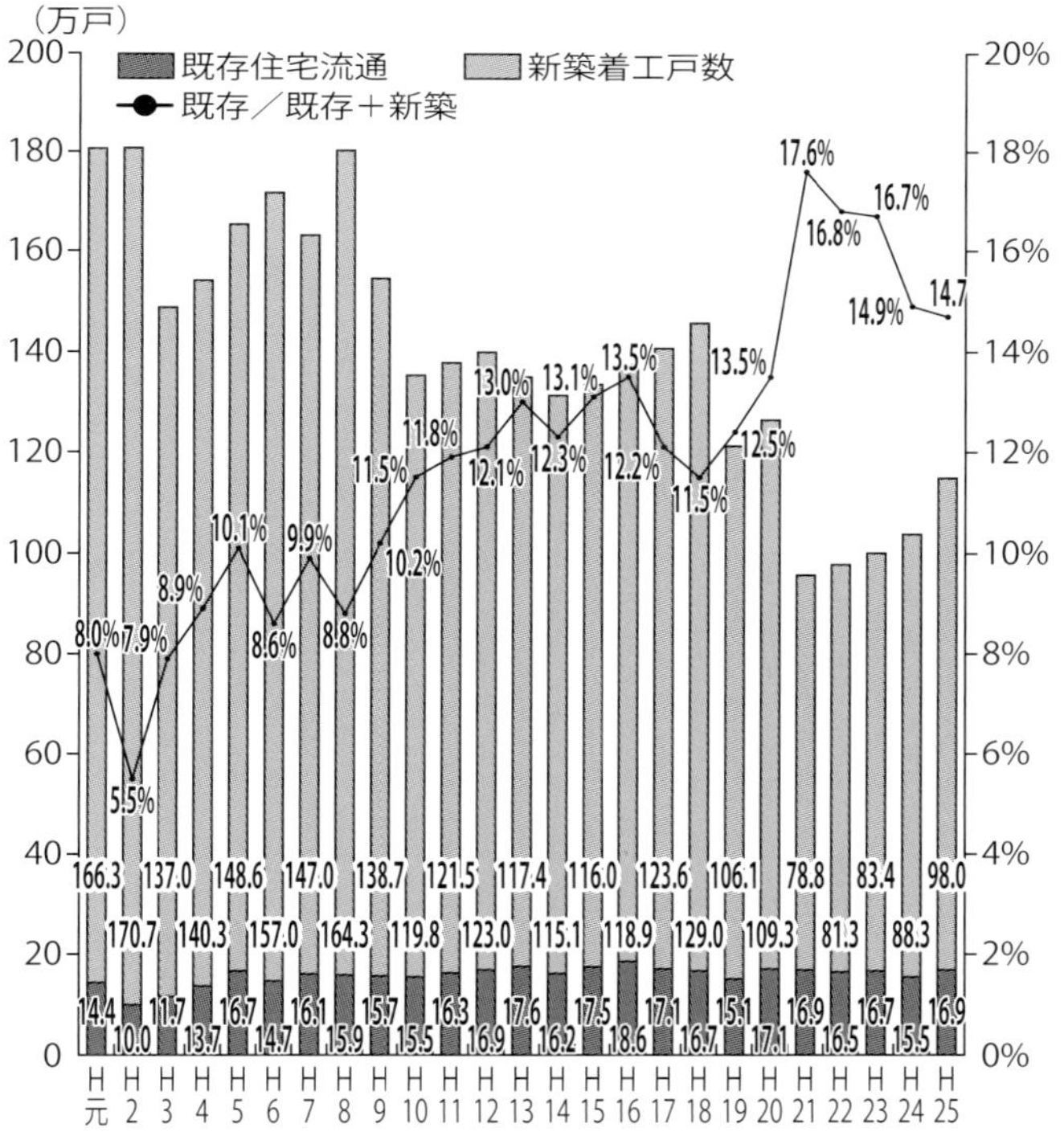

（資料）住宅・土地統計調査（総務省）、住宅着工統計（国土交通省）
（注）平成 5、10、15、20、25 年の既存住宅流通量は 1 ～ 9 月分を通年に換算したもの。

なって岡山県でもマイホームを実現する手立ては新築以外の選択肢を選ぶ方が増えてきました。それが、中古リノベーションです。

空き家問題は中古住宅の有効活用で解消

中古リノベーションは、現在、全国的に社会問題となっている空き家の解消に一役買うことができます。岡山県の空き家率は平成30年時点で15・5％（総務省統計局「平成30年住宅・土地統計調査」）で、全国16位と高く、この流れはさらに加速していくことが予想されます。

社会的に憂慮されている空き家問題の解決に寄与できる手段として、誰もが無理をして新築を建てるのではなく、**使える中古住宅を有効に活用していこうという中古リノベーションは、社会的にも有意義**ですし、その人の人生にとっても良い選択肢になるのではないかと思います。

社会問題② 働き方の変化により所得増が見込みにくい

働き方改革で年収が上がらない

2019年5月、元号は平成から令和に変わりました。平成の前の昭和では、終身雇用が当たり前で、年齢が上がるとともに給料も上がっていく時代でした。この時代は、職が安定していたため、35年の住宅ローンを組んでも安心でした。

ところが、バブルがはじけ景気が悪くなると、徐々に働き方が変わっていきました。新卒で入った会社を3年で辞めていく若者が増え、転職が当たり前になったのです。今では、会社という大きな枠に属さずに働く人が増え、起業したり、フリーランスで働いたりする人も増えてきています。

長くひとつの企業に勤め上げるということはなくなり、転職が当たり前になった一方で、転職するたびに年収が下がるか、年収は変わらずに転職できたとしても職歴が浅いために給与がなかなかアップしないという層が多くなり、ここ10年で見ても平均年収は横ばいとなっているのが現状です。

また、企業では働き方改革として、長時間労働の解消を迫られています。これまで、長時間の残業代があったため収入が多かった人たちは、残業ができなくなることで収入が減ることになるかもしれないのです。

政府は「労働生産性が向上すれば基本給がアップする」とうたっていますが、労働生産性を向上させるには時間がかかりますし、全ての企業でうまく労働生産性が向上するとは限りません。

1 年を通じて勤務した給与所得者の 1 人当たりの平均給与

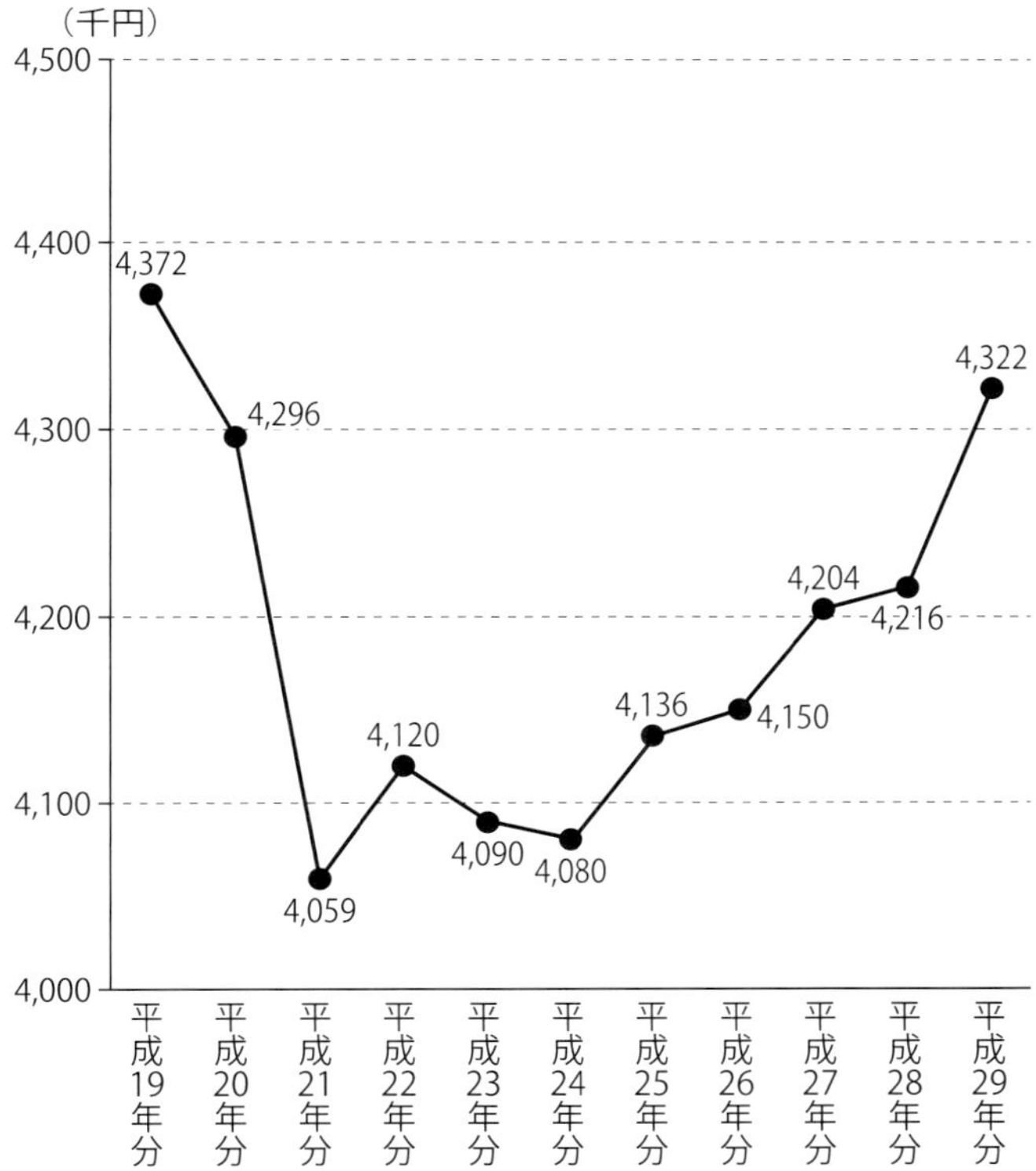

出典：国税庁「平成 29 年分 民間給与実態統計調査」

以上のことから、年齢とともに年収が上がっていくことは考えにくいと言わざるを得ないのです。

高額な住宅ローンを組むと選択肢を狭めてしまう

前節でも説明しましたが、昔は年齢に応じて年収が400万円、500万円と昇給していくのが当たり前でした。しかし、現状は年収がなかなか上がらないというのが実情です。

年収がなかなか上がらない上に、今後の社会状況や自分の置かれた状況がどうなるか分からないという不安は誰しもあるでしょう。「年金が満足できるほどもらえないかも」「今働いている会社から、リストラされてしまうかも」「病気を患って多額の治療費が必要になるかも」、そんな未来が待ち受けているかもしれないのです。

あるいは、子どもが大きくなると教育関連での出費も多くなります。「子どもの行きたい高校が私立だったら」「海外に留学したいと言い出したら」、子どもの夢は叶えてあげたいですよね。

予定外のお金が必要な状況になったとき、**多額の住宅ローンを背負っていることで、その人の人生の選択肢を狭めてしまう**ことにもなりかねません。住宅ローンを支払うために、切り詰めた生活を余儀なくされ、老後に楽しもうと決めていた趣味を、思う存分楽しめなくなってしまうかもしれないのです。

今や、誰もが3000〜4000万円の住宅ローンを組んで新築戸建てやマンションを手に入れるという時代ではなくなったということです。

中古リノベーションならば、低い借入金で満足する家ができる

「家は欲しいけれど年収は300万円台前半」という方が、予算的に新築は難しいため、中古リノベーションでマイホームを実現されました。

この方は駐車場が確保できない立地条件ながら、インダストリアル風のすてきなリノベーションを実践されました。サッシも断熱材も変えておらず、多少の寒さはありますが、それでも構わないとおっしゃって納得のいくリノベーションになったのです。

一般的に、戸建てで駐車場がない物件は敬遠されがちですが、その方にとって駐車場は優先順位的に低かったのでしょう。これは人それぞれ、価値観の問題です。**年収がそれほど高くなくても、無理のない範囲でローン返済できる資金計画を立ててリノベーションを行ったため、結果的に満足度は高いものになりました。**このケースは、当社にとって中

古リノベーションに対する意識が変わっていったきっかけにもなったのです。

新築だと多くの場合、月々の返済額は10万円前後になりますが、中古リノベーションであれば返済額は下がり、年収がそれほど高くなくても自分たちの価値観で良いと思える家を手にすることができるのです。

できるだけコストを抑えるために、自分たちの手で壁を塗るなどのＤＩＹを工夫する方法もあります。こうしたお施主様参加型のリノベーションは、家への思い入れが大きくなり、愛着も増しますから、とても良いことだと思います。ＤＩＹは今、特に女性に人気があり、ホームセンター主催のワークショップは盛況で、１００円ショップで売っている材料を使ったＤＩＹも主婦の皆さんの間で流行ったりしています。

社会貢献もできる家づくりの方法が中古リノベーション

これまで説明してきたように、問題視されている空き家問題を解消し、将来が見えない不安のなかでもマイホームが実現できる、それが中古リノベーションです。もちろん、最優先するのは自分たちの生活であり、そのための家です。しかし今の時代では、「自分たちさえ良ければそれでいい」という風潮ではなくなり、何らかの形で社会貢献に参加したいという消費者が増えています。また、クラウドファンディングが活性化しているなど、社会貢献に参加しやすい環境にもなってきています。

自分たちの理想の住まいづくりをしつつ、一方で社会貢献できるのであれば、その選択肢を選ぶというのが、この先、一般的な家づくりの方法のひとつになるのではないでしょうか。

第2章

賢い選択肢「中古リノベーション」とは何か？

なぜ、中古リノベーションは新築物件より低価格になるのか

そもそも中古リノベーションとは何か?

「中古リノベーション」は、マイホーム実現の手段としておすすめしたい選択肢のひとつです。リフォームはどちらかというと修理・修繕や、内装・設備を取り替えるリフレッシュ工事といった意味合いが強いものです。一般的にも最近よく耳にするようになったリノベーションは、リフォームよりも大がかりな工事となり、中古の住宅やマンションを購入して自分の望むような間取りや空間に変えるものです。

この方法だと、自分の憧れやこだわりを形にし、耐震性を高めるなどして安全に暮らせるようにしたマイホームが、新築よりも低価格で実現

できるのです。

また、「ここに住みたい！」というエリアがあったとしても、家を建てて住みたいのに分譲地が出にくいという場合、中古リノベーションは有効な手段になります。多様な価値観やライフスタイルが広がる今、何も新しいものでなくても、使い古されていても価値あるものを使っていこうという考えが、今の若い方には浸透しつつあります。

そうした価値観が広まっている今、充分に使えるものを再生して使っていこうとする中古リノベーションは、時代に合っているといえるでしょう。

リノベーション住宅のイメージ図

新築より低予算で理想の家を叶える中古リノベーション

今の時代に合っているとは言え、まだまだ中古リノベーションの認知度は高くありません。これまで中古リノベーションが普及してこなかったのは、やはり**日本人の〝新築偏重主義〟ともいえる価値観**がその大きな理由でしょう。

大手ハウスメーカーから地元のハウスビルダーまでテレビＣＭが大量に放映されている現状を考えれば、ある意味、仕方のないことかもしれません。結婚して家族ができ、「そろそろ家を持ちたいな」と思ったら、まずは住宅展示場やマンションギャラリーに足を運び、ハウスメーカーを訪ねて相談するという方が多いのではないでしょうか。

これまで新築以外の選択肢がほぼ示されてこなかったこともあり、「家は新築が当たり前」という固定観念が根強いからです。ご両親から

「大手のハウスメーカーで建てなさい」と言われるケースも多いでしょう。

しかし、「イメージ通りのデザインや機能性を備えた家は、予算内ではとても建てられない」「建てたいと思っても、希望するエリアでは土地が見つからない」などの現実にぶつかり、夢に描いたマイホームを予算やエリアで妥協して建てたり、あるいは家づくりそのものをあきらめてしまったりする方も少なくありません。

なかには「こだわりが反映されないな」「要望を聞いてくれないな」といった不満を抱えた方が、私たちのような規模の小さい会社や工務店に足を運んでマイホームを叶えるケースもあり、インターネットの影響で家づくりの選択肢が広がってきたのは良いことだと思います。

本当に理想の家を建てられるのは、予算が潤沢にあって希望のエリアに運良く土地が見つかったというごく一部の人ではありません。中古リノベーションという選択をすることで、住みたいエリアで、新築よりも低予算で、まるで注文住宅のように細部にこだわった理想の家づくりができるのです。

中古リノベーション市場の活性化を阻むもうひとつの要因

新築偏重主義以外にも中古リノベーションの普及を阻む要因があります。中古物件の売買が成立し、引き渡しをする際の〝現状渡し〟が、市場の活性化を阻んでいる理由のひとつになっています。

文字通り、「現在の物件の状態のまま渡す」という意味ですが、構造や設備に問題があってもそのままの状態で引き渡される可能性があるからです。なかには契約書の最後に「何かあっても全てお客様の責任です」という旨の一文を付けて売ってしまうという業者もいます。

こうしたこともあって、中古住宅売買への不安は払拭できず、中古リノベーション市場がいまひとつ盛り上がらないということにもつながっていると考えられます。

快適&安全に暮らせる家を新築より低価格で実現

中古住宅の場合、住宅の断熱性はゼロということがほとんどです。その家が建った当時は法律的にもそれで問題なかったのでしょうが、モルタルと内壁の間に断熱材も何もないのですから、暑さ寒さが厳しいのは当然です。耐震性においても、特に新耐震基準が導入された1981年以前に建てられた住宅には注意が必要です。

そこで、私たちはまず、耐震改修や断熱改修を提案します。あくまでも快適で安全に暮らすための提案になります。改修工事に伴って予算が上がれば、売れなくなる可能性もゼロではありません。よって、**最初に予算の範囲内で改修工事を含む最大限可能なリノベーション工事内容を提案し、お客様と相談して削れるところは削っていきながら、お客様の要望に沿った中古リノベーションを実行する**のが私たちのスタンスです。

予算的に新築は難しいからと中古リノベーションを選択したのに、見積もりが新築価格と大差ないようではお客様に納得していただくことはできません。そんなことでは中古リノベーションを選択した意味がなくなってしまいます。

新築よりも低価格で、注文住宅並みのこだわりを実現できる中古リノベーション。これをモットーに、中古リノベーションを世の中に広めていきたいですね。

安全・安心面の不安を解決する「ホームインスペクション」

中古住宅を第三者のアドバイスでブラッシュアップ

注文住宅は希望が叶えられ、自由に設計できるメリットがある一方で、ゼロの状態からつくりあげていく大変さがあります。中古住宅であれば、今の形をベースに自分の希望やこだわりを織り込みながら改装していくため、完成した家の姿を予想しやすいというメリットがあります。

耐震性への不安も補強工事などで解消でき、安心して安全に暮らせる住まいになります。たとえ壁紙が剥がれ落ちていても、間仕切りの多い昔ながらの間取りでも、断熱材がなく寒々しい家であっても、リノベーションでオシャレなカフェスタイルの家や古民家の趣を生かしたすてきな家に生まれ変われます。リノベーションした家を見れば、「これ、本当に新築じゃなくて中古住宅？」と疑いたくなるような劇的変化に驚くことでしょう。

もちろん、見えない構造部分や将来のメンテナンスコストなど、中古住宅に対する不安から、なかなか購入に踏み切れない方もいらっしゃいます。そうした不安解消の一助として、宅建業法の改正で住宅診断士（ホームインスペクター）による中古住宅の診断を促進させる方針が2016年に打ち出されました。

住宅に精通した住宅診断士が、第三者的な立場から住宅の劣化状況や欠陥の有無などを見極め、アドバイスを行う住宅診断（ホームインスペクション）を活用することで、耐震性や断熱性、快適性といった住宅性能を把握。現状を踏まえた上で購入し、これらの**住宅性能が低くても向**

上させる工事をリノベーションで行えば良いので、住宅診断は中古住宅購入の安心感を高めることにつながります。

ホームインスペクションは義務化されている

本来、ホームインスペクションを広める先導役となるべきなのが不動産会社です。しかし、多くの不動産会社はホームインスペクションに対して全く関心がないのが現状のようです。

法律改正によって、**中古住宅取引を行う際、「その建物が住宅診断を受けた履歴があるか」「今後、実施する意向はあるか」を確認することが義務化**されるようになったにもかかわらず、です。おそらく、ホームインスペクションで何か問題が発覚したら売れなくなるからというのがひとつの理由でしょう。

ワンストップサービスを提供している業者の多くがホームインスペクションをし、例えば耐震性が足りなければしっかり耐震補強して安全性を高め、補助金なども使いながら安心して住める家にしましょうという姿勢です。

ワンストップでできるからこその安心感

不動産取得から施工まで一社完結で家づくりをサポート

当社は、不動産事業を始めたことで、従来のリフォーム対応にとどまらず、注文住宅を建てたい方、中古住宅を買いたい方、土地や建物を売りたい方や買いたい方など、以前よりも幅広いニーズに対応できるようになりました。例えば、新築を希望している方でどうしても予算が足りないという場合、当社で中古リノベーションを提案することがあります。そして、資金計画から不動産取得、リノベーションのプランニング、設計、施工などそれぞれの部門が連携を取りながら、お客様にベストな提案を行っていきます。設計も外部に発注せず、現場管理は社内の担当者が行うため、外部の職人に現場を任せきりということもないので、お客様からの信頼につながっていると感じています。

長く住み続けていただくためにサポートしていきます

当社を含め、不動産取得からリノベーションの施工までひとつの会社のなかで完結できる業者というのは、実はそんなに多くありません。大手ハウスメーカーでいえば、多くの場合グループのなかで不動産、分譲、新築、リフォームなどに分社化されていて、それぞれの会社ごとに営業目標を立ててノルマを達成するために動く体制になっています。互いに連携を取りながら進むということはほぼありません。

不動産会社であれば、土地や建物を売ることが目的ですが、私たちの願いはお客様に長く地域に安心して暮らしていただくこと。不動産取得からリノベーションまで無理のない範囲で返済をしながら、快適な住まいを実現していただくサポートができればと考えています。

これも、地域に根ざした住宅リフォームを長年手がけてきた実績と経験があるからこそ、責任をもって提案できるという当社の強みと自負しているところです。お客様にとっても、窓口ひとつで対応してもらえるというメリットは大きいのではないでしょうか。

第3章

中古リノベーション物件の購入が簡単にできる7ステップ

中古住宅購入＋リノベーション成功の７ステップ

ここまで、中古リノベーションが必要とされる社会背景、中古リノベーションとは何かということを説明してきました。「中古リノベーションに興味が湧いてきた。私もやってみたいけど、いったい何からはじめればいいの？」と思われた方に、中古住宅購入から施工に至るまでの７つのステップを具体的にご紹介していきたいと思います。

「中古住宅購入」と「リノベーション」は、いきなり中古住宅の物件探しからはじめる方もおられますが、私たちがおすすめしたいのは、どちらかといえば資金計画からはじめるプロセスを踏んでいただくことです。**物件探しをする前に、住宅ローンを含めた資金計画を立てることか**

らはじめた方が、結果的にはスムーズで効率が良いと考えるからです。
具体的なプロセスとして、次のような7段階に分けられます。

STEP1 ワンストップで依頼できるパートナー企業を選ぶ
STEP2 全体で使える総予算を把握する
STEP3 中古物件探しの前に「資金計画」と「事前審査」をする
STEP4 実際に中古物件をチェックする
STEP5 リノベーションプランと合わせて物件購入を決める
STEP6 長く住める耐震性能を確保できるか確認する
STEP7 住宅ローン減税について知っておく

STEP1【ワンストップで依頼できるパートナー企業を選ぶ】

物件探しからリノベーションまで一括依頼できる業者を選ぼう

中古リノベーションをしたいと思ったら、まず行いたいのが業者選びです。中古リノベーションの場合は、本審査のときにリノベーション費用を合算した審査金額を算出する必要が出てきます。そのため、あらかじめリノベーションを行う業者を決めておいて、物件が見つかったら本審査に間に合うようすぐに概算見積もりを出してもらう必要がありま す。つまり、リノベーション工事の契約も物件探しを行う前に必要となり、さらにスケジュールがタイトになってくることが予想されます。

不動産とリノベーションがそれぞれ別の業者だとこうした事態になり

がちですが、当社は不動産からリノベーションまでワンストップサービスを行っているため、「この物件をこの予算でこの工事内容が可能」ということがすぐに予測でき、見積もりも迅速に作ることができます。本審査の契約の際、物件購入費用にリノベーション費用を含めれば、工事費も住宅ローンとして借り入れができ、1％前後の金利で工事費の借り入れが可能になるの

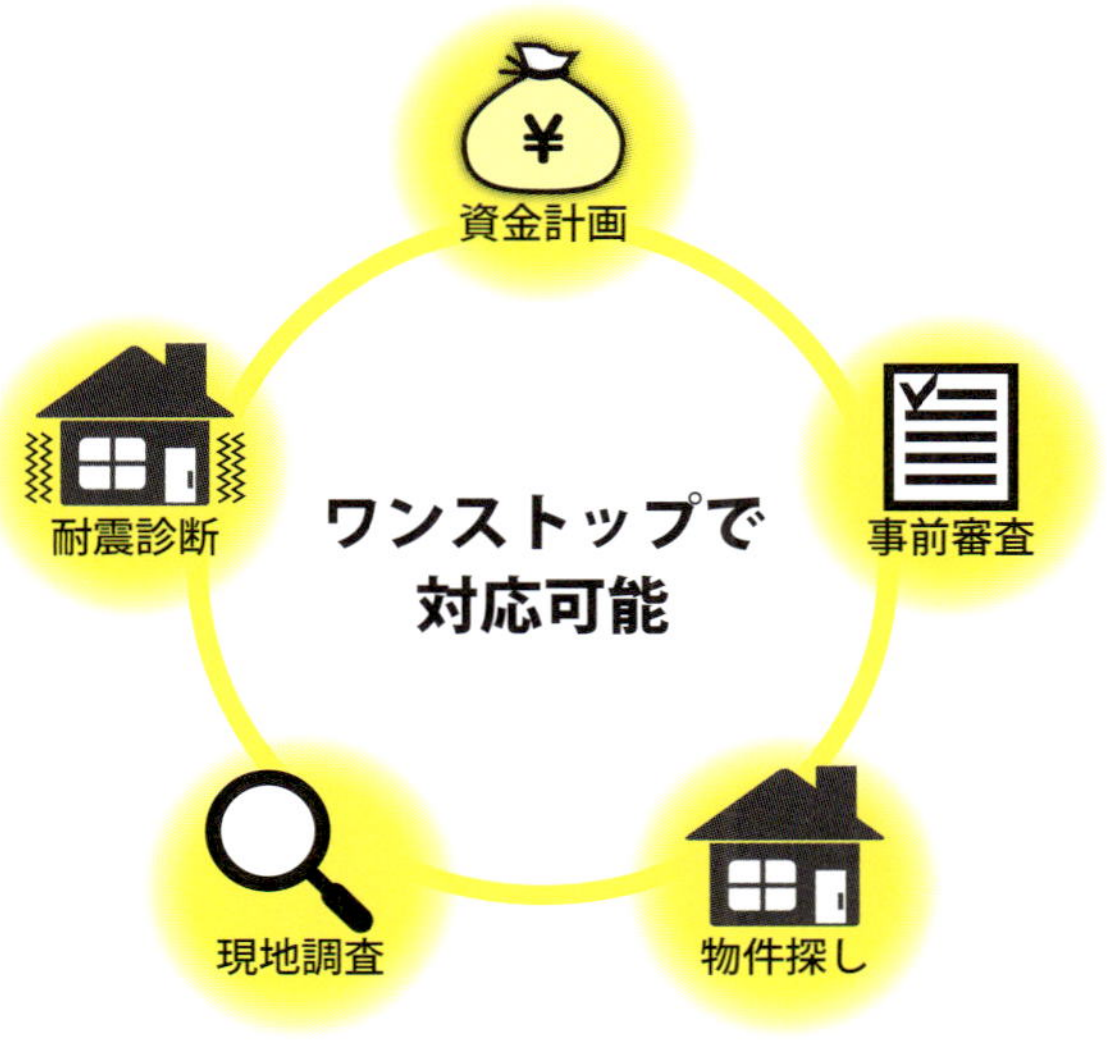

です。これが、物件購入で住宅ローンを組み、それとは別にリフォームローンを組むのであれば金利は約2％（金融機関によって異なる）となり、損することにもなりかねません。金利で得するためにも、リノベーションを行う会社をあらかじめ決めておくことが大事といえるでしょう。

STEP2【全体で使える総予算を把握する】

「借りられる金額」でなく「返せる金額」を知ろう

中古リノベーションを行うには、中古住宅の購入費用とリノベーション費用、それに関わる諸経費が必要です。そのため、リノベーション費用や諸経費がどのくらいかかるのか分からないまま物件探しからはじめてしまうと、最終的な総予算が想像以上に膨れ上がってしまう可能性があります。家は大きな買い物ですから、こうした危険性を防ぐためにも、**まずは住宅ローンを含む資金計画を立てることからはじめる**ことをおすすめします。

資金計画において大切なポイントは次の3つです。

①銀行など金融機関が貸してくれる**上限額**を知ること
②自分が**返済できる金額**を知ること
③自分に最適な金融商品を選ぶこと

まず①ですが、最大いくらお金が借りられるのかを知るには、まず金融機関に審査を依頼し、その結果を見て実際にこれだけ貸してくれるという承諾を得ることです。この金額を踏まえた上で物件探しをしていくことが望ましいでしょう。

例えば、年収600万円のAさんの場合、返済比率（年収に占める年間返済額の割合）はおおむね30～35％を基準としている金融機関が多く、35％で計算すると、年間の返済額は210万円。つまり、金融機関から借りたお金を年間210万円までは返済に充てても問題ないと考えられます。この210万円を月で割ると17万5000円。これを住宅ローンに組み替えると、最長35年間で金利が1・3％前後と考えれば、総借入額は約5900万円となります。

②の返済額は、ご自身が決めることになりますが、大切なのは**「借りられる金額」イコール「返せる金額」ではない**ということです。金融機

関が「これだけ貸せますよ」という融資額のなかで最大限の返済額を設定してしまうと、毎月の返済に無理が出てきます。車のローンやクレジットカードの支払いなど、住宅ローン以外の返済も踏まえて返済額を決めるようにしてください。毎月の返済で精一杯になってしまい、「せっかくの新居での生活も楽しめず台無し」ということでは本末転倒です。ご自身が今後の生活を踏まえて、「これくらいの返済なら無理なく返せる」という金額を算出することが大切です。

Aさんの場合は、17万5000円から他のローン返済やクレジットカードの支払いに充てる金額を差し引いてはじき出した金額が無理のない返済額といえるでしょう。その上で、例えば現在の家賃が5万5000円だとすると、「6～7万円くらいまでは返済に充ててもいいかな」と考えるのも自然であり、月々6万円で35年間返済すると約

2000万円、月々7万円だと約2360万円となります。

この予算内で希望に沿った物件を購入できれば良いのですが、皆さんがこれから買おうとしているのは不動産、つまり資産になるものです。家賃のように消えていくお金ならばできるだけ安く済ませるのが一番ですが、子どもさんたちに残せる資産を取得するのであれば、妥協して利便性の低いエリアに安く家を買うよりも、いくらか予算を増やしてでも納得のいくエリアで納得のいく家を手に入れていただきたいと思うのです。賃貸であれば、月々の5万5000円は手元からなくなってしまうお金ですが、自分たちの土地や建物として残していくためのお金と考えれば、今の家賃より少々高くなっても納得して払えるという方は多いのではないでしょうか。賃貸住宅に住んでいる場合、家賃以外に電気代やガス代も支払っているでしょうが、例えばリノベーションでオール電化

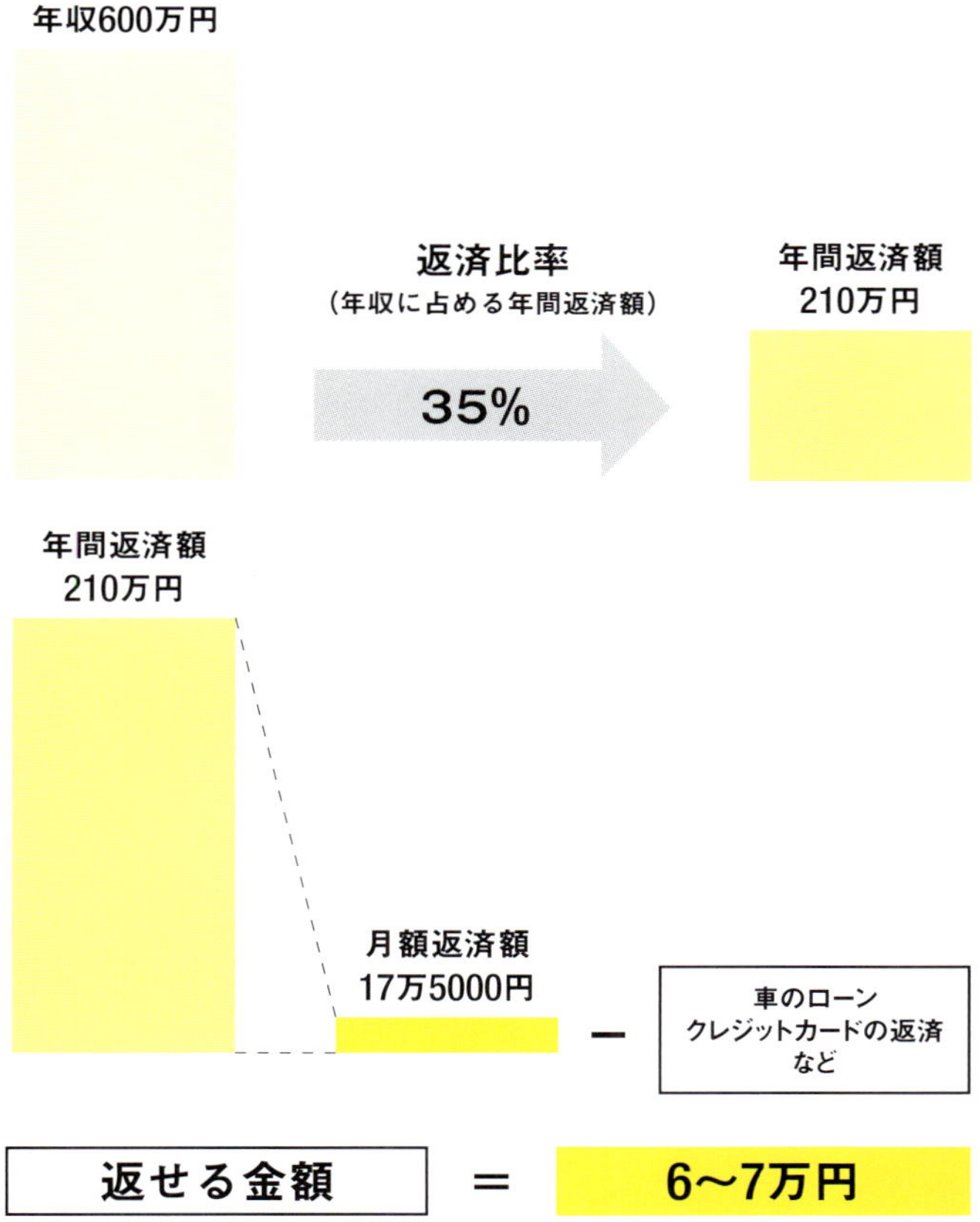
年収600万円
返済比率
（年収に占める年間返済額）
35%
年間返済額
210万円
年間返済額
210万円
月額返済額
17万5000円
−
車のローン
クレジットカードの返済
など
返せる金額
＝
6〜7万円

に移行すれば、こうした光熱費を約半分に抑えることも可能です。

③は、住宅ローンは金融商品であり、それを取り扱う金融機関もさまざまです。よって、どの金融商品がお客様にとって一番良いのかをしっかりと話し合い、どれを選ぶか決まれば私たちが金融機関にお客様をご紹介するという流れになります。

固定金利と変動金利、自分に合った選択を

金融商品を選ぶにあたって、最も大きな決め手となるのが金利であり、金融機関が扱う金融商品の金利には大きく分けて「固定金利」と「変動金利」があります。固定金利には、契約時に3年・5年・10年といった固定金利期間を選択する「固定金利期間選択型」と、完済まで金利がずっと変わらない「全期間固定金利型」があり、「固定金利期間選

択型」は、最初に定めた固定金利期間（※多くの場合10年）が終われば次の金利タイプを選びます。引き続き固定金利を選ぶこともできるし、変動金利に移行することも可能です。一方、「全期間固定金利型」の代表格が住宅金融支援機構の「フラット35」です。借り入れ時に全返済期間の金利と返済額が確定されますが、金利は商品を扱う金融機関によって異なります。

固定金利と変動金利には、それぞれにメリットとデメリットがあります。金利だけを見れば、固定金利よりも変動金利の方が低く設定されています。変動金利は半年ごとに金利を見直して更新されるため、金利が下がれば返済額は減り、上がれば返済額は増えます。低金利である間はその恩恵を受け続けることができますが、同時に将来の金利上昇によるリスクも含み、返済が苦しくなる可能性があるのです。一方の固定金利は、変動金利より金利が高く設定されており、低金利が続けば変動金利より返済額は多くなります。しかし、金利が固定されているという安心感と、返済額が変わらないため収支計画が立てやすいというメリットもあります。

固定金利と変動金利、どちらを選べばよいのかは考え方次第です。「最初の10年間は一定の返済額にして、安心して返済していきたい」「子どもの教育資金や老後資金など、将来のマネープランが立てやすいよう返済額を一定にしたい」という方は固定金利、「とにかく低い金利で設定して、少しずつでもどんどん返していきたい」という方は変動金利を選ぶと良いでしょう。

金融商品の選択に迷ったり、資金計画に不安があったりする場合は、第三者的立場でアドバイスができるライフプランナーを当社がご紹介することもあります。これは、**ご自身やご家族の将来にわたるお金の収支を想定して資金計画を立てる「ライフプランニング」を行うことで、悔いの残らないマイホーム取得をしていただきたい**と考えるからです。ライフプランニングでは、家族構成をはじめ、車や住宅購入、子どもの進学などの出来事（ライフイベント）についてご夫婦やご家族と話し合い、人生の見通しを立て、それに沿って経済的なバランスをとる方法を考えていきます。こうしてライフプランを作成することで、ご自身とご家族の未来に必要となるお金を「見える化」することができます。

最近ではライフプランソフトというものもあり、年収、家族構成、現在の家計、進学に関わる費用などの必要事項を入力すると、収入と支出のグラフを作ってくれます。働き手がご主人一人と共働きの場合、進学が公立と私立の場合など、それぞれの状況でグラフは異なり、老後の資産や貯蓄までシミュレーションをすることができるのです。

リノベーションを含めた住宅ローン金融商品の特徴に精通したスタッフが、ときにはライフプランナーの力を借りつつ資金計画を立て、最適の商品をおすすめできるのも、不動産購入からリノベーションまでワンストップサービスを手がけている当社の強みといえます。

STEP3【中古物件探しの前に「資金計画」と「事前審査」をする】

事前審査を済ませておくことが購入時の強みに

リノベーションのための中古住宅物件を探すとなったら、一般的な不動産業者の場合、希望のエリアや予算に該当する物件を紹介され、現地に案内されて見学をし、購入の意欲があれば申し込みをするという流れになります。

しかし、当社では、来店されるとまずは資金についての話し合いからはじめます。前述したような資金計画を行い、住宅ローンにおける事前審査の依頼準備まで行います。まずはお財布の中身をどれだけ用意できるかを決めなければ、いくら理想的な条件の物件が見つかっても予算が足りず、現実的な物件探しができないからです。お客様としっかり話し合い、資金計画を経てお金がいくら借りられるのかを踏まえ、事前審査が通って初めて中古住宅物件の紹介に移っていきます。

住宅ローンを利用するには、各金融機関による審査を通過しなければなりません。審査には、事前審査と本審査があり、まず住宅ローンを借りるための基準をある程度満たしているかどうかの確認を行うのが事前審査です。この**事前審査を物件探しより先に済ませておく**ことが、のちの物件購入において効果的になってきます。

当社で扱う不動産物件は、自社だけで扱う物件が全体の約1割。残りの9割は、他の不動産業者も同時に扱っている物件です。こうした市場に出ている物件情報のなかから、お客様のニーズに合った情報をピックアップしていき、そのなかからより良い情報を選んでいくのが当社のスタイルです。最初からお客様の希望する条件の範囲内で物件を探すと、適合する物件はどうしても少なくなってしまいがちです。お客様にとって100％希望通りの物件を見つけることはかなり困難であり、なかにはイメージが先行したための条件が含まれていることもあります。

例えば、「明るい南向きに面した家」とよく希望されますが、南向きであっても目の前に交通量の多い道路が走っているとしたらどうでしょうか。「南向きに大きく窓を開口してLDKを配置しよう」というリノベーションプランも、行き交う車や騒音のために断念することも考えられます。逆に、立地条件のマイナス面をリノベーションでプラスに変えることも十分可能なのです。そのため、不動産とリノベーションのプロの目線から、お客様の希望条件から少し緩和して物件情報を集め、お客様に提示して興味を持たれた物件をご案内しています。

そのなかから買いたい物件が見つかれば、他の買い手が先に付かないよう、すぐに購入の申し込みを行うのですが、ここで事前審査を済ませていることがプラスに働きます。たとえお客様が申し込んだ1時間後に別の人が申し込んだとしても、物件を購入できるのは1人だけであり、事前審査をすでに終わらせて住宅ローンを借りる基準を満たしている人と、住宅ローンが通るかどうかも分からない人、売り主はどちらを選ぶでしょうか。当然のことながら、売り主は確実に前者を選ぶでしょう。さらに良いのは、現金で購入してもらえるお客様です。**売り主は「即座に買ってくれる人に売りたい」から**です。当社が最初にお金の話をして、物件を案内する前に事前審査を済ませておこうとするのは、こうした理由があるからです。

前述した住宅ローンの金融商品選びは、事前審査の後、本審査に入るときになります。本審査の正式な申し込みから本審査に至るまでの期間はおよそ1週間程度しかありません。さらに、契約から決済までの期間も1カ月程度しかなく、本審査には約3週間かかるため、どの金融商品を選ぶか悩める期間は約1週間と、あまり時間的な猶予がないのが実情です。よって、焦って決めることのないよう、事前にある程度見当をつ

事前審査をすでに終わらせて住宅ローンを借りる基準を満たしている人と、
住宅ローンが通るかどうかも分からない人、
売主はどちらを選ぶでしょうか。

けておくことが大切なため、当社ではその手助けも行っているのです。

STEP4【実際に中古物件をチェックする】

物件探しは「いかに安いか」でなく「いかに良い暮らしができるか」が大事

次に物件探しについてですが、自分で実際に歩いて探したり、ネットやチラシ、フリーペーパーで探したりなど、さまざまな方法があります。当社にご相談いただいたお客様のなかには、「物件情報だけ欲しい」という方もおられますが、市場に出ている物件のなかから、お客様が今置かれた状況のなかで最適の物件をご紹介するというのが当社の基本的なスタンスになっています。

例えば、「来年には子どもが小学校に入学するから、今年中には物件を見つけないといけない」という切羽詰まった状況にもかかわらず、「もっと安くて良い物件が出てくるかもしれないからギリギリまで待とう」などと考えて、「希望に近い物件をどれだけ安く買うか」が目的になってしまったお客様をサポートするのは実に難しいものです。今後、良い物件が出るかどうか分からないのに、ひたすら物件情報を求め続けて延々と〝いいモノ探し〟を続けるのは得策とはいえないからです。

お客様から希望するエリアを聞き、市場に出ている物件のなかからお客様の条件に合ったものを情報提供していきますが、例えば「このエリアだと、現時点ではたまたま物件がない状態ですが、物件が枯渇するようなエリアではないので少し待ちましょう」というアドバイスをすることはあります。それは、やはり地元に根ざしてきた長年の経験があるからできることだと思います。急いで物件を探す必要がなければ、1年間待ち続けてようやく見つかったというケースもあります。**大切なのは、「いかに物件を安く買うか」ではなく、「お客様が中古リノベーションした後の暮らしが良いものになるかどうか」**なのです。

エリアに関していえば、「このエリアだとこの不動産業者が情報を多く持っている」という場合があります。当社で全ての物件情報を提供できるわけではないので、当社で十分な情報提供ができなければ、お客様にそのエリアに強い不動産業者をご紹介するということも行っています。

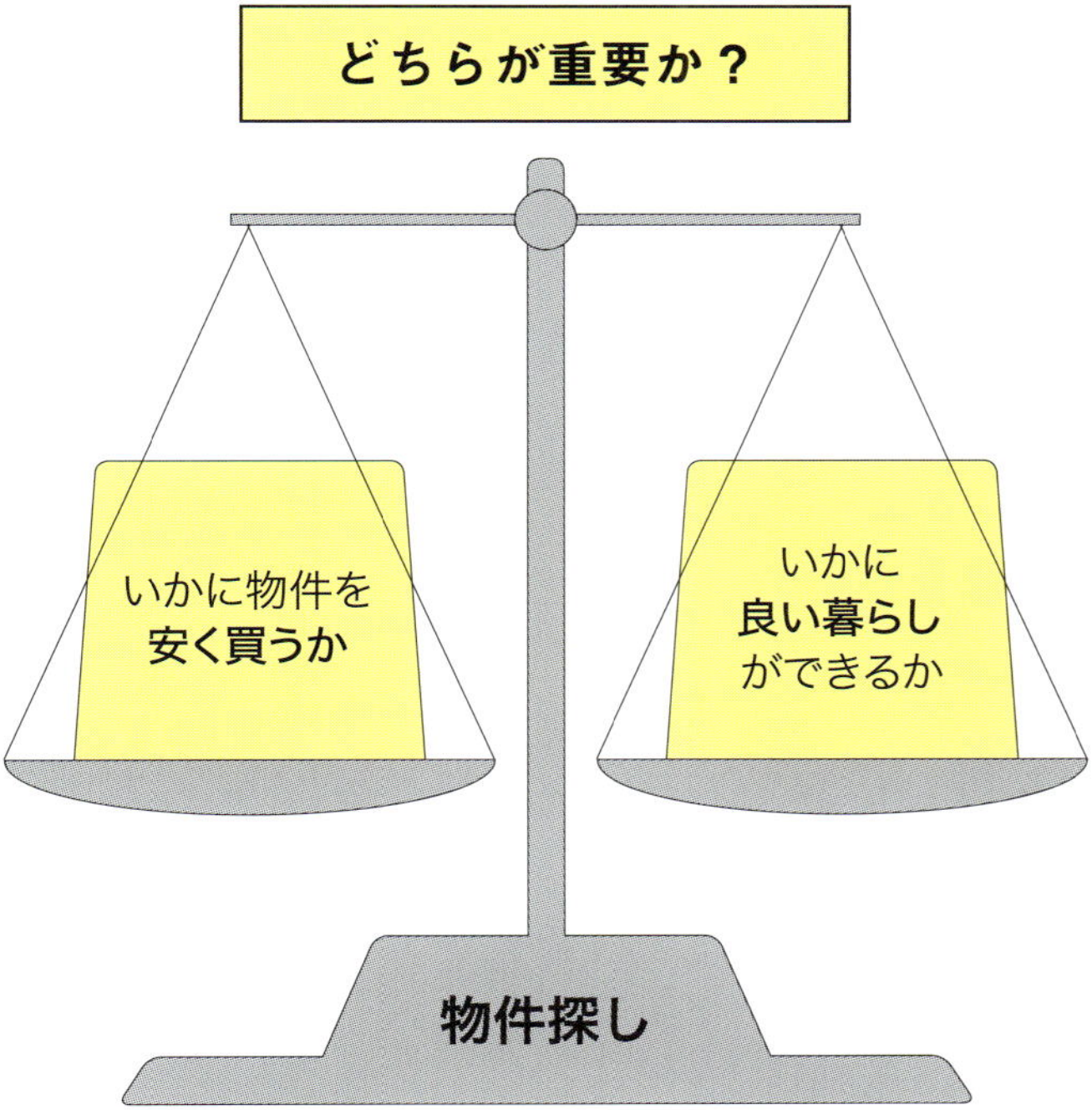
どちらが重要か？
いかに物件を
安く買うか
いかに
良い暮らし
ができるか
物件探し

STEP5【リノベーションプランと合わせて物件購入を決める】

プロ同行の現地調査で工事内容&費用を大まかに把握

条件に合った中古物件が見つかった場合、すぐに購入を決めるのはいささか早計です。見た目だけで判断せず、建物の状態や構造など、見えない部分を含めて建築のプロの目で確認してから購入することをおすすめします。さらには、リノベーション前提の購入であるため、**リノベーション担当者が同行して現地調査を行い、お客様の大まかな要望をヒアリングした上で、希望のリノベーションを行うために必要な工事をするには、どのくらいの予算が必要になるのかを把握する**ことが中古リノベーション成功への近道といえるでしょう。

実際に、当社で中古リノベーションを経験されたI様の実例を元に説明しましょう。

中古リノベーションを実現したI様は、資金計画を立てた後に物件探しをはじめました。当初は新築を想定して土地を探し、当社からも土地情報を数多く提供していました。しかし、なかなか希望に沿う土地が見つからず、土地探しは難航。I様も仕事が忙しくなり、当社からは月に1度くらいの頻度で、中古住宅を含めた物件情報をメールでお送りしていました。

そんなある日、I様から連絡があり、奥様の実家近くで平屋建ての中古住宅が売り出されているとのこと。「この家を購入してリノベーションするとしたらどのくらいかかるのだろうか。工事費用を含めて予算内に収まるようなら購入したいので、相談にのってもらいたい」ということとでした。Ｉ様の予算は総額２５００万円。リノベーションにいくらかかるのかということも全く見当がつかないということで、まずはこの物件を扱っている不動産業者に当社から連絡を取りました。現地見学の日時を決め、建物の状態や構造の確認、いわゆる現地調査を行うため、社内のリノベーション担当者も同行して物件を案内してもらいました。

物件は築33年の軽量鉄骨造平屋建て。間取りは３ＤＫでしたが、私たちからは使い勝手が悪いように見えました。Ｉ様も間取り変更ができるのかどうかを気にしていましたが、既存図面がなかったため、柱や補強材が入っている位置が分からず、現地での確認が必要でした。当然のことながら破壊検査は不可能なため、床下や天井裏など目視できる範囲のことは建築士と確認し、Ｉ様の大まかな要望をヒアリングした上で、確実に間取り変更できる箇所と、場合によっては間取り変更できない箇所を反映してリノベーション図面と見積もりを作成しました。

現地見学から2週間後に見積もりを提出。リノベーションの経験が豊かな担当者は、物件の規模を見て「だいたいこのくらい」という予算を大まかに算出しました。ちなみに、現地調査から見積もりを作成するまでは通常約1週間程度ですが、このときは細かく工事内容を出してプラン作成をしたため2週間かかったのです。

資産価値も明確にする「ホームインスペクション」

I様の場合は行いませんでしたが、中古住宅を購入するにあたり、建物の現状を正しく把握し、的確なリノベーションを行うためにも有効と考えられるのが〝住宅診断〟いわゆる「ホームインスペクション」です。**専門家が建物を詳しく検査することで、建物の劣化状況やリノベー**

ションで工事が必要な箇所が分かり、資産価値も明確になります。また、**売買後のトラブルを防止できる**というメリットもあります。すでに欧米では中古住宅売買を安心・安全に行うために不可欠な常識となっていて、日本でも最近急速に広まりつつあります。

インスペクションをすることによって、耐震性をはじめとした中古住宅の性能が明確に見えるようになると、建物に対する信頼感が生まれます。ホームインスペクションの結果をまとめた報告書は、いわば〝家のカルテ〟。「ここの状態が悪いから、こう直せば問題ない」という提案ができることは、リノベーション業者としての信頼を高めることにもつながります。ただ、岡山県は全国的に見て地震の少ない地域ということが影響しているのか、ホームインスペクションに費用をかけるケースがまだまだ少ないのが現状です。

当社にも公認ホームインスペクター（住宅診断士）の資格を持った社員が在籍。岡山県木造住宅耐震診断員でもあります。目視確認に加え、壁や天井に遮られて見えない部分にも鉄筋探知機などあらゆる専門器具を使って詳細な検査を行います。当社の場合、費用の目安は5～7万円となります。岡山県のリフォーム会社で、不動産売買、設計デザイン、そして建物の性能を正しく見極める住宅診断という、それぞれの分野の専門家が集まっているところはかなり少ないのではないでしょうか。そんな当社だからこそ、中古住宅購入からリノベーションに至る過程において、自信を持って的確な提案ができると自負しています。

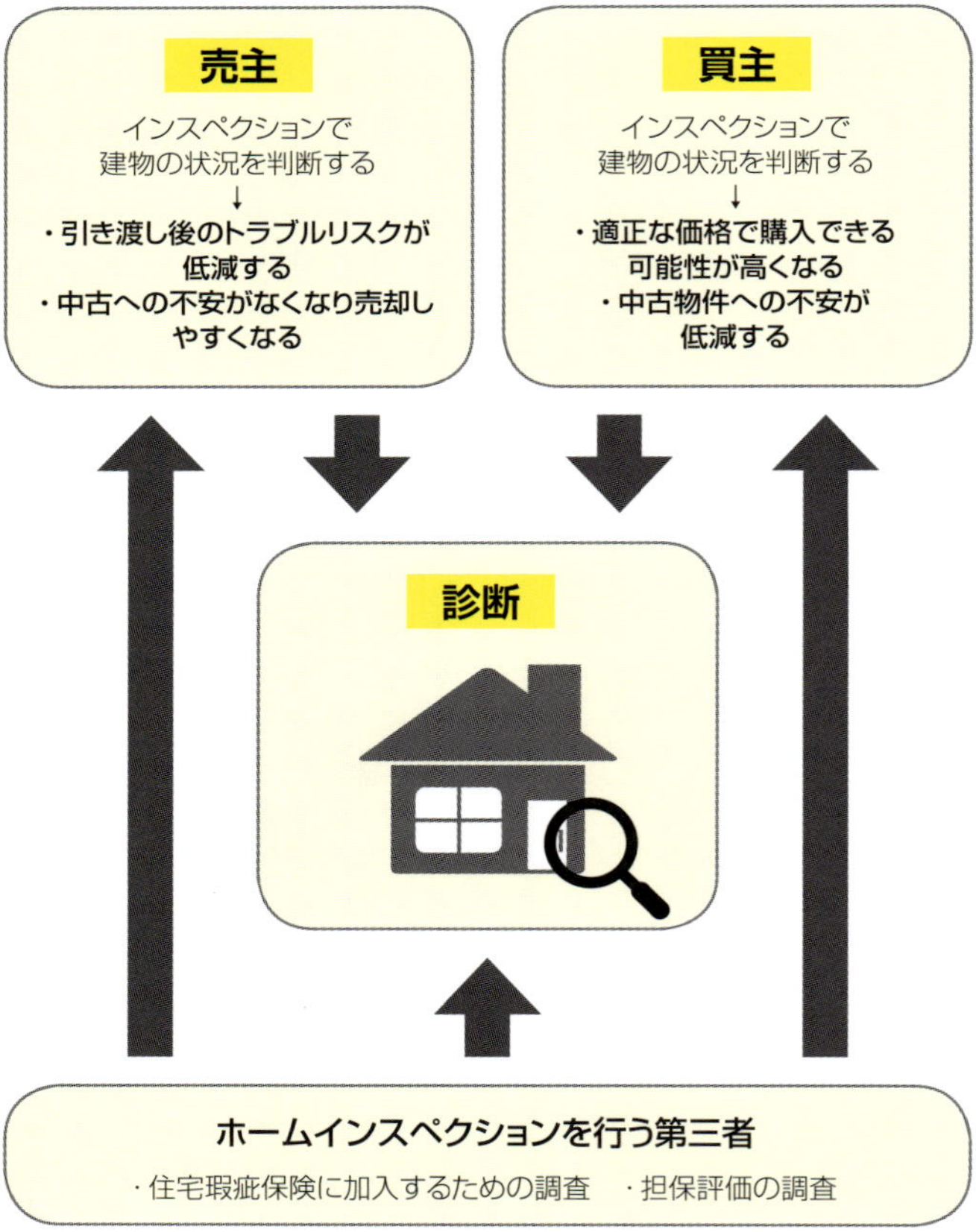
売主
インスペクションで
建物の状況を判断する
↓
・引き渡し後のトラブルリスクが
低減する
・中古への不安がなくなり売却し
やすくなる
買主
インスペクションで
建物の状況を判断する
↓
・適正な価格で購入できる
可能性が高くなる
・中古物件への不安が
低減する
診断
ホームインスペクションを行う第三者
・住宅瑕疵保険に加入するための調査　・担保評価の調査

本当に必要なのはリフレッシュかリノベーションか？

Ｉ様の見積もりは、物件購入とリノベーション費用の総額２５００万円というＩ様の予算内でできるプランＡと、Ｉ様のご要望を全て実現したプランＢの２パターンを作成しました。プランＡは間取り変更や増築をせず、内装や設備を新しくする、いわゆる「リフレッシュリフォーム」。一方のプランＢは、暮らしやすいよう間取り変更を伴った大がかりなリフォーム、つまり「リノベーション」です。予算的には、２つのプランの間に約４００万円の差がありました。

Ｉ様は、現地見学の際はそれほど気乗りしているように見えなかったので、契約をされるかどうか全く分からなかったのですが、見積もりとプラン内容を見て、「これでやります！」とプランＢを選択されました。見た目だけをきれいにするよりも、やはり住み心地や暮らしやすさを追求した家を望まれ、予算的にも納得していただけたようです。

欲しいと思ったらすぐに買付申込書を提出すべし

リノベーションを前提とした物件購入の意思が固まれば、即座にすべきことがあります。それは、不動産購入申込書、いわゆる「買付申込書」の提出です。これは、「この物件をこの金額で買います」という意思表示で、希望購入金額などを記入して買い主側の不動産業者に提出するものです。

今回のI様はすぐに買付申込書を提出しませんでしたが、物件によってはすぐに買い手がついてしまうものもあります。いくら物件を買う気があっても、他の購入希望者が買付申込書を提出してしまえば、その時点で物件を買うことはほぼ不可能になってしまうのです。よって、「この物件が欲しい！」と思ったら、すぐに買付申込書を提出することをおすすめします。

I様は、リノベーション工事の見積もりを出したタイミングで買付申込書を提出。その約1カ月後に正式に売買契約を結びました。売り主が不動産業者の場合、早く取り引きを進めたいのが実情で、「買付申込書提出から決済まではできるだけ期間を短く」という考えのようです。しかし、当社は「物件をできるだけ早く売りたい」のではなく、物件はあくまでもリノベーションを叶えるために必要なものであり、当社が売り主である場合は決済までを急がせるようなことはしていません。

工事内容を早めに決めるメリットとは

リノベーション工事の打ち合わせは、見積もりを出した直後からスタートします。工事内容を早めに決めていくのは、着工が予定よりも後にずれ込むことを避けるためと、工事内容が早く具体的に決まれば工事金額をより具体的に算出することができ、決済のタイミングを売買契約時に延ばすこともできるからです。

I様の場合は、工事の打ち合わせを毎週1回のペースで行い、間取り変更をするのかしないのか、内装はどうするのか、設備は何を入れるか、などを具体的に決めていき、現地での打ち合わせなどを経て着工。その約4カ月半後に完工し、住宅ローン融資を受ける金融機関で決済を行う金銭消費貸借契約を完了してお引き渡しをしました。

新築希望者にもマイホーム実現の新たな選択肢を提示

I様を担当した社員は、これが本格的に中古リノベーションに取り組んだ最初の事例となり、このケースを通じて新しい価値観に気づかされたといいます。それまで手がけたリノベーションは、あくまでも最初からリノベーション希望のお客様が対象でした。しかし今回、新築希望のお客様に対しても、希望エリアや予算といった条件が整えば、中古リノベーションがマイホーム実現の手段になり得るのだと身をもって知ることができ、仕事の幅が広がったと実感しているようです。

このように、コストを抑えつつ新築のような家を手に入れることができる中古リノベーションですが、徐々に広まりを見せてはいるものの、マイホームを手に入れたいと考えている人に対して完全に認知されているとは言い切れない現状があります。それは、常設されているモデルハウスのように、すてきだと思えるようなリノベーション住宅を一般の方々が見ることのできる機会や場所がほとんどないのが理由のひとつです。少しずつ、リノベーションの現場見学会も増えてきつつありますが、それでもまだ十分とはいえません。

デザインがすてきな新築の家を見ると、「こんなすてきな家に住みたい！」と購買意欲はかき立てられます。しかし、築年数は数十年以上、外壁は経年劣化で色があせ、室内の床も劣化で浮いた状態、壁にはところどころカビも発生……そんな中古住宅を目の当たりにすれば、不動産業者から「リノベーションすれば新築のようになりますよ」と言われても、数千万円で購入してさらにお金をかけてリノベーションしようという気にはなかなかならないのも無理はありません。「本当かな？　もしかしてだまされているんじゃないの？」と疑心暗鬼になり、「それなら新築を購入した方が手っ取り早い」という考えになるのも、ある意味自然なことです。

私たちプロの目から見れば、どれほど見た目が悪くても、これまでの経験から構造や土台などに問題がなければ、ある程度リノベーション後のイメージをすぐに思い描くことができます。しかし、一般の方ではなかなかそうしたイメージが描けないため、どうしても見た目に左右されることや、耐震面や構造部分など見えない部分への不安も相まって中古リノベーションという選択がしづらいところはあるでしょう。

そのようなお客様に対して、少しでもリノベーションのイメージを描いてもらいやすいよう、当社では常設のショールームを完備しています。トイレやキッチン、システムバスなど水まわり設備を体感してもらい、和モダンやアンティークなど雰囲気別にコーディネートした空間を展開するなど、リノベーション後の暮らしをより具体的にイメージできるショールームです。また、築40年の住宅をリノベーションしたモデルハウスも常設しています。

このような取り組みを重ねてきた結果、当社への中古リノベーションの相談は年々増えており、規模の大きいリノベーションを手がけることも多くなってきました。これからも中古リノベーションという手段で理想のマイホームを実現したい方を、物件探しから不動産購入、リノベーション施工まで徹底サポートをしていくつもりです。

STEP6【長く住める耐震性能を確保できるか確認する】

安心して暮らすために必要な耐震診断

中古リノベーションにおいて、設備を一新してイメージ通りの家に変えることも大事ですが、それ以上に考えたいのが、家族が安心して末永く暮らせる家にすることです。そのためには、立地や見た目の良さなど、希望の条件を満たした中古物件であっても、それ以前に家族が安全に暮らせる家かどうかを判断することが必要になります。そこで、**物件購入前にぜひ行っておきたいのが建物の耐震診断です。**

耐震診断とは、建物の構造強度を調べ、将来起きうる地震に対する耐震性を計算し、受ける建物被害の程度を数値化。震度6強～震度7程度の地震が起きた際、建物の破壊や倒壊を防ぐために、建物のどこをどのように補強すれば良いかを設計図にする耐震補強設計を行い、リノベーションプランに反映させていきます。

耐震診断を実施すると、建物に必要な強さ、家屋の劣化度、壁のバランスなどが「上部構造評点」として数値化され、一番低い評点をその建物の評点として考えます。その結果、1・5以上であれば建築基準法の1・5倍の耐震強度があると考えられ「倒壊しない」、1〜1・5が「一応倒壊しない」、1が建築基準法に定める「最低限の耐震強度がある」、0・7〜1が「倒壊する可能性がある」、0・7未満が「倒壊する可能性が高い」と判定評価されます。しかし、1未満と判定されたからといって、即座にその物件を購入するのを止める必要はなく、的確な耐震補強工事を行うことで耐震性を高めることは可能です。

この耐震診断ですが、一般的に不動産業者で耐震について理解しているスタッフは少ないのが現状のようです。日本では、築25年を過ぎると木造住宅の資産価値はゼロと見なされるのが不動産業界の通例で、「建物の価値は0円なので、土地代だけでお売りします」といった具合で中古住宅が売買されているのも珍しくはありません。もちろん、建物の価値はゼロではないし、寿命が尽きたわけでもなく、部分的に劣化しても修理・修繕すれば住み続けることができます。

当社が取り扱う物件のなかで、築40年の木造住宅があるのですが、通例だと資産価値はゼロです。しかし、耐震診断を行ったところ、見た目とは裏腹に、現在の新築木造住宅並みの耐震性を備えた家だったのです。これも、一般の方が見た目で判断してしまえば「こんな古い物件は問題外」となって、購入を検討することすらしないでしょう。抜群の性能を備えた家だということが分かっていれば、建物に価値を見出し、購入してリノベーションをしようという人も出てくるはずです。

旧耐震基準と新耐震基準

建物を建てるにあたっては、守らなければならない一定の基準があり

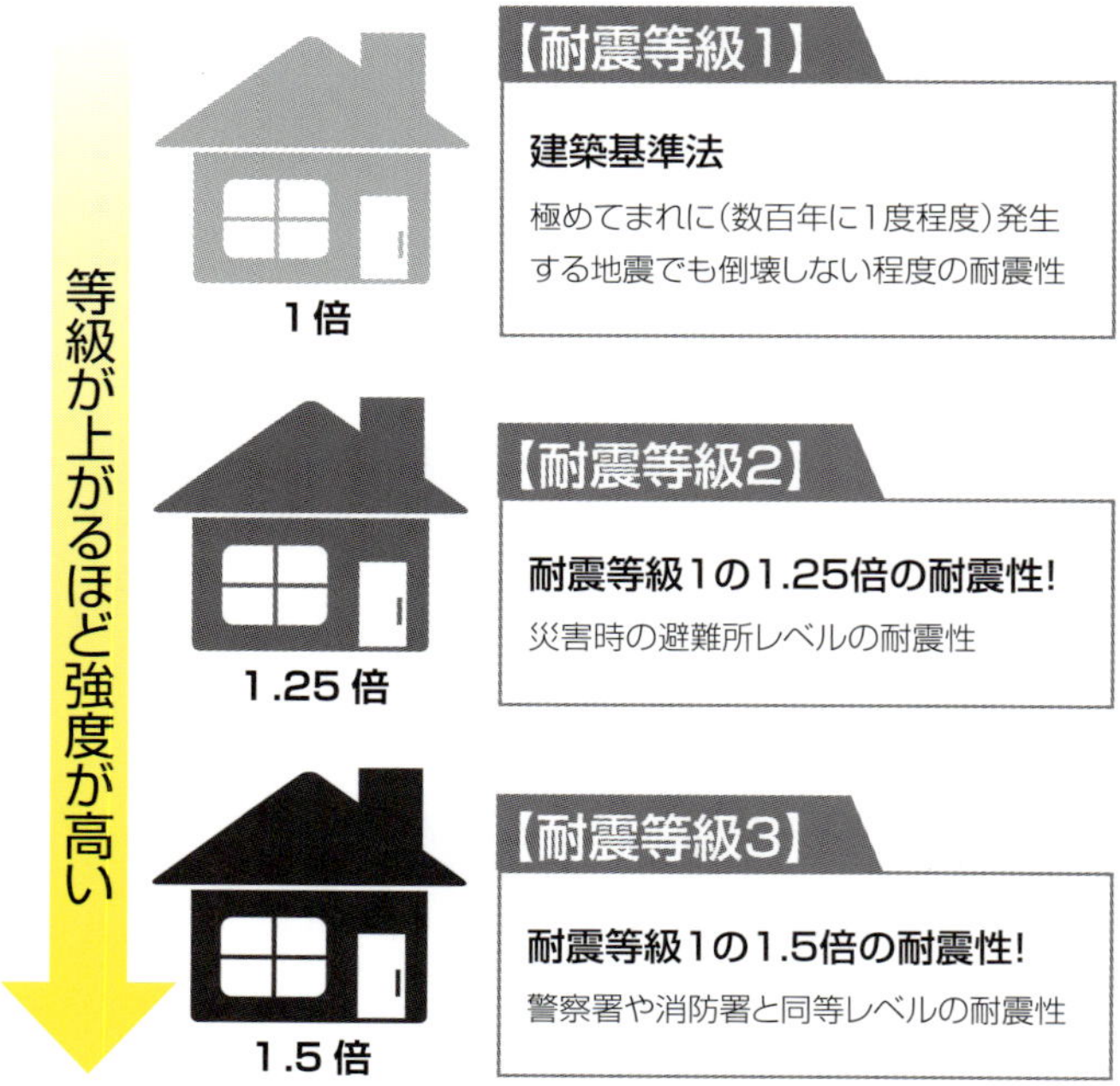

耐震等級3は建築基準法の1.5倍の耐震性

ます。これを定めているのが1950年に制定された建築基準法で、このなかに耐震性に関する基準があり、大きな地震が起きるたびに改定が行われてきました。中古住宅を購入するにあたり、この住宅が大地震に耐えられる強度を備えているかどうか、簡単に見分けるひとつの方法とされているのが「耐震基準」です。耐震基準には「旧耐震基準」と「新耐震基準」があり、新耐震基準は、1978年の宮城県沖地震を受け、1981年6月1日に大幅に改正されたものです。この改正以前を旧耐震基準、改正以降を新耐震基準と呼び、新耐震基準をクリアしている建物は、一定の耐震能力を備えていると見なされています。

他にも、住宅の性能を共通の基準で評価する制度として、2000年に制定された「住宅性能表示制度」というものがあります。地震に対する倒壊や崩壊のしにくさを1～3の等級で表示し、これを耐震等級といいます。等級1は新耐震基準を満たすレベル、等級2は等級1の1・25倍、等級3は等級1の1・5倍の強度を持つことを意味し、新築住宅では等級2を基準として建築するケースが多いようです。

耐震診断をした結果、耐震補強工事が必要になると、今度はどの程度まで耐震性を高めるかという問題が出てきます。耐震補強工事は、高い耐震性を求めるほど費用も高くなります。当然、予算には限りがあるので、当社ではお客様の可能な範囲で強度を高めていくというスタンスを取っています。これまでのケースでは、阪神・淡路大震災を経験され、命の危険にさらされた2組のお客様が、耐震性の向上を最優先に考えたリノベーションを希望。間取り変更も、耐震性を高めることを踏まえたプランになりました。耐震補強工事は、建物の資産価値を高めることにもなります。何よりも、**子ども、孫へと住み継いでいく大切な家ですか**

ら、家族が末永く安心して安全に暮らすためにも、耐震診断はぜひ行ってもらいたいというのが私たちの思いです。

耐震性を備えた「安心R住宅」という選択肢

国土交通省が、既存住宅の流通促進を図るべく、「汚い」「不安」「わからない」など従来の中古住宅におけるマイナスイメージを払拭するために創設したのが「安心R住宅」制度（特定既存住宅情報提供事業者団体登録制度）です。〝R〟とはReuse（リユース、再利用）、Reform（リフォーム、改装）、Renovation（リノベーション、改修）を意味します。

耐震性があり、インスペクションが行われた住宅である上、リフォーム等について情報提供が行われる既存住宅には、この安心R住宅のマークを付けることができます。耐震性など基礎的な品質を備え、リフォーム済みまたはリフォーム提案付きで、点検記録などの保管状況について情報提供が行われるため、物件に対する信頼感は高まります。物件選びの際に、このマークをひとつの判断材料にするのも良いでしょう。

住宅ローン控除にも使える「耐震基準適合証明書」

建物の耐震性が基準を満たすことを、建築士などが証明する書類を「耐震基準適合証明書」といいます。前述した、上部構造評点が１以上であれば新耐震基準に適合する住宅と判断され、この証明書が発行されます。１を下回った場合は、適切な耐震補強工事を行うことで証明書を発行してもらえます。当社では、建築士の資格を持つ社員が発行を担当しています。

証明書を取得するには、まず現地調査を行い、耐震診断の結果報告書を作成します。診断の結果、耐震補強工事が不要な場合は証明書が発行され、物件の引き渡し後に減税手続きを行います。一方、耐震補強工事が必要な場合は、補強案を作成して工事を行い、完了確認ができれば証明書が発行されます。

ある調査データによると、旧耐震基準の建物で全体の9割以上、新耐震基準の建物でも8割以上が基準を満たしておらず、耐震補強工事が必要になるケースがほとんどのようです。

この証明書が付いた物件を取得すると、10年間で最大200万円の住宅ローン控除が適用されます。さらに、中古住宅購入時の登録免許税や不動産取得税が減税されたり、地震保険料が10％割引になったりします。耐震補強工事を行った場合は、条件を満たしていれば家屋の固定資産税が1年間2分の1になるなど、さまざまなメリットがあるのです。

住宅ローン減税については後述しますが、耐震面の不安を払拭できる上、住宅ローン控除の適用にもつながる証明書ですから、取得しておくことをおすすめします。

ひとつ気をつけなければならないのは、証明書を取得するタイミングです。この証明書は、物件の売り主に対して発行されるものであるため、物件を取得してしまった後に証明書を取得しても、住宅ローン控除適用にはならないからです。引き渡し前に仮申請のみ行い、引き渡し後に耐震補強工事を行って証明書を取得する方法もありますが、手続きの進め方がややこしく、場合によっては住宅ローン減税の対象外になる恐れもあるため、やはり証明書は引き渡し前に取得しておきましょう。

STEP7【住宅ローン減税について知っておく】

住宅ローン減税は中古住宅購入でも適用可能

住宅ローン減税は、新築住宅を購入する場合にしか適用にならないというイメージを持っている方も多いようですが、中古住宅を購入してリノベーションする場合にも適用できます。

住宅ローン減税制度は、住宅ローンを借り入れて住宅を取得する際の金利負担軽減を図るためのもので、簡単にいうと、その年に納めた所得税・住民税のうち、所定の額が減税（控除）されて戻ってくるものです。10年以上のローンを組んだ場合、毎年末の住宅ローン残高または住宅の取得対価の、いずれか少ない方の金額の1％が10年間にわたって控除され、最大400万円の控除を受けることができます。控除を受けるには、初回の確定申告と毎年の年末調整の手続きをする必要があります。なお、住宅ローン減税の申請は、住宅ローンを借り入れる人が個人単位で行うものであり、世帯単位ではないことを理解しておきましょう。

配偶者控除や生命保険料控除などは、収入から控除される「所得控除」ですが、住宅ローン減税は通常通り所得税算出後、その税額から差し引く「税額控除」で、戻ってくる税額が分かりやすく、金額も大きいため、減税の実感が湧きやすいといえます。しかも、所得税で控除しきれない額は住民税から控除（※住民税については翌年度分について控除される）してもらえます。

なお、令和元年10月1日に予定される消費税10％への引き上げ対策として、この減税制度が拡充されることが決まり、控除期間は令和元年10

月～令和2年12月居住開始の住宅については、10年間から13年間へと3年間延長されることになりました。この場合、11～13年目については、「住宅ローン残高または住宅の取得対価のうち、いずれか少ない方の金額の1％」と「建物の取得対価の2％÷3」のいずれか少ない方の金額が控除されることになります。

住宅ローン減税の対象住宅は、新築住宅だけでなく中古住宅も含まれます。新築と中古の両方に共通する条件は、**①床面積が50㎡以上であること ②自分が居住する住宅であること ③住宅取得の日から6カ月以内に居住し、その年の12月31日まで継続して居住すること ④借り入れ期間が10年以上の住宅ローンであること ⑤年収3000万円以下であること**――です。

中古住宅の場合は、築年数が鉄筋コンクリートなどで建てられた「耐火建築物」の場合は築25年以内、木造などで建てられた「耐火建築物以外」の場合は築20年以内という条件が加えられますが、いずれもこの築年数を超えていても、新耐震基準に適合する建物であることが証明できれば住宅ローン減税の恩恵を受けることができます。そのために必要なのが、前述した耐震基準適合証明書、あるいは前述した住宅性能表示制度に基づいて交付される既存住宅性能評価書（耐震等級1以上）を取得すること、または、既存住宅売買瑕疵保険に加入することです。この既存住宅売買瑕疵保険については後述します。

さらに、増築や一定規模以上のリフォーム、省エネ・バリアフリー改修などにおいても、工事費が100万円を超えると住宅ローン減税の対象となります。ただし、省エネ・バリアフリー改修の場合は、リフォームローン減税（特定増改築等住宅借入金等特別控除）の方が有利な場合があり、重複利用はできないため前もって確認しておくことが大切です。

中古住宅と消費税

中古住宅の取得においては、土地と建物の両方を購入することになりますが、消費税が課税されるのは建物のみ。土地は非課税扱いとなります。ただし、これは売り主が事業者ではなく個人の場合であり、業者が住宅を買い取って個人に売る「買取再販」の場合は課税対象になります。

現金給付で負担を軽減する「すまい給付金」

売り主が個人でなく、業者による買取再販の物件を購入する際に知っておきたいのが「すまい給付金」です。

これは令和元年10月1日に予定される、消費税10％への引き上げによる住宅取得者の負担を軽減する目的で創設された制度です。住宅ローン減税は、所得税や住民税から控除する仕組みのため、収入が低いほど効果は小さくなります。そのため、負担軽減効果が十分に及ばない収入層に対して創設されました。現金給付によって負担軽減を図るもので、収入によって給付額が変わります。

給付金の対象者は、①住宅を取得し、登記上の持分を保有するとともにその住宅に自分で居住する　②収入が一定以下　とされ、住宅ローンを利用せず住宅を取得する場合は、50歳以上の方が対象となります。他にも満たすべき要件がありますが、ここでは割愛させていただきます。

瑕疵保険について

中古住宅の購入にあたり、見えない部分に不具合が隠れているかもしれないし、見た目だけで判断するのは難しいことです。購入して住みはじめてから不具合が判明すれば、修理・修繕に予想外の出費が発生する可能性もあります。このように、物件の引き渡しや工事が完了したものの、住宅の性能や品質が確保できていないことを「瑕疵《かし》」といいます。

宅建業者が売り主の場合、宅建業法にのっとって通常2年間（新築の場合、基本構造部分は10年間）の保証が付くのが一般的です。しかし、売り主が個人の場合、そのおよそ6割が保証なしで売買されているのが実情です。つまり、引き渡し後に瑕疵が見つかっても修理・修繕は買い主がしなければなりません。

こうした**隠れた瑕疵によって損害が生じた場合、修理・修繕にかかった費用を保険でカバーしようというのが、中古住宅で住宅ローン減税の対象となる条件のひとつに挙げられた「既存住宅売買瑕疵保険」です。**

国土交通大臣が指定した一般社団法人住宅瑕疵担保責任保険協会が取り扱う保険で、株式会社日本住宅保証検査機構（ＪＩＯ）をはじめ数社が取り扱っています。ＪＩＯが扱う「ＪＩＯ既存住宅かし保証保険」を例に説明しましょう。

宅建業者または検査事業者（被保険者）が住宅の引き渡し前に保険を申し込み、ＪＩＯは保険の引き受けにあたって検査または書類審査を行います。保険支払いの対象となる不具合が見つかった場合は、補修費用を被保険者に支払って補修を行い、その後に保険に加入します。もしも、引き渡し後に不具合が発生しても、保険金でしっかり補修することができます。被保険者が倒産などにより補修ができない場合は、買い主が直接ＪＩＯへ保険金を請求できるのも安心です。

保険の支払い対象となるのは、柱や梁など構造耐力上主要な部分が、基本的な耐力性能を満たさない場合や、雨水の浸入を防止する部分が防水性能を満たさない場合です。保険商品によっては引き渡し前のリフォーム工事や給排水管路の性能などを扱うものもあります。保険期間は1年または5年、免責金額は5万円です。

既存住宅売買瑕疵保険は、中古住宅に対する一定の品質が確認できる安心材料のひとつであるといえるでしょう。

第4章

中古リノベーションで
実現した理想のマイホーム
8つのポイント

カフェを開く夢を叶えるため、古民家を購入して再生

中古住宅を購入してリノベーションすることで、思い描いた通りのイメージの住まいを実現する中古リノベーションですが、物件探しから購入、そしてリノベーションに至るまで、理想のマイホームを叶えるにはいくつかの押さえるべきポイントがあります。当社が手がけた中古リノベーションの実例を踏まえながら、そのポイントをご紹介していきましょう。

古民家を購入して再生したU様の事例

ご主人の仕事の関係で引っ越しが多く、他県で暮らしていたU様ご夫婦。ご主人の定年退職後に地元の倉敷市に帰って奥様の「自宅でカフェを開きた

い」という夢を叶えたいと、物件探しから当社にご相談いただきました。

古民家の醸し出す雰囲気を好むご夫婦は、古民家に限定して物件を探され、複数の物件を内覧された後、築１００年の古民家を気に入っていただき、購入。キッチンやトイレ、浴室などの位置や、居室の大幅な間取り変更を行い、減築まで伴う大がかりなリノベーションになりました。玄関に入ってすぐにカフェスペースを設け、その奥にダイニングとキッチン、リビングなどを配置。古民家だからといって、もともとの純和風の雰囲気そのままにするのではなく、北欧テイストを程よくプラスし、居心地の良い和モダンな空間に仕上がりました。

奥様は「友人が気軽に集まってにぎわいが生まれる場所にしたい」と、近い将来の夢を描いておられ、私も今からカフェのオープンを楽しみにしているところです。

Before

第4章　中古リノベーションで実現した
理想のマイホーム8つのポイント

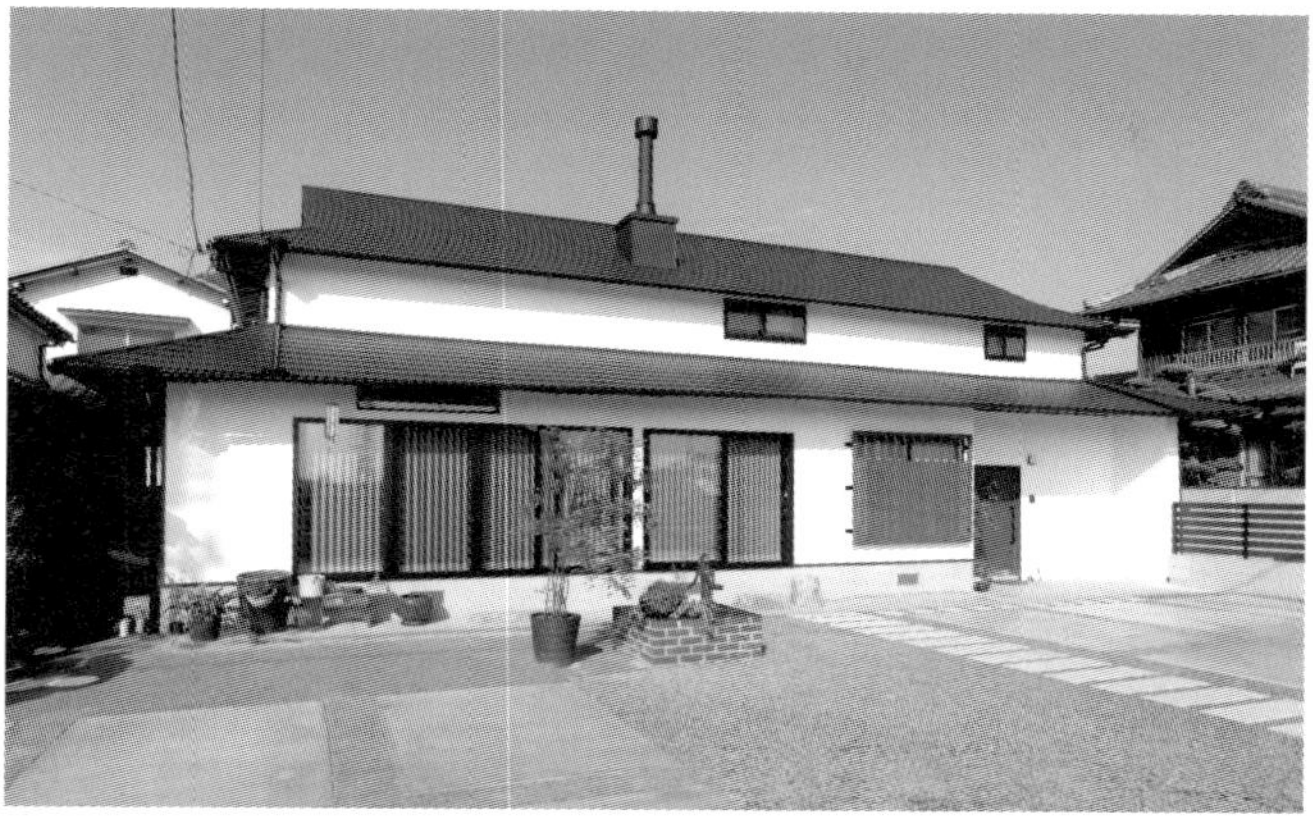

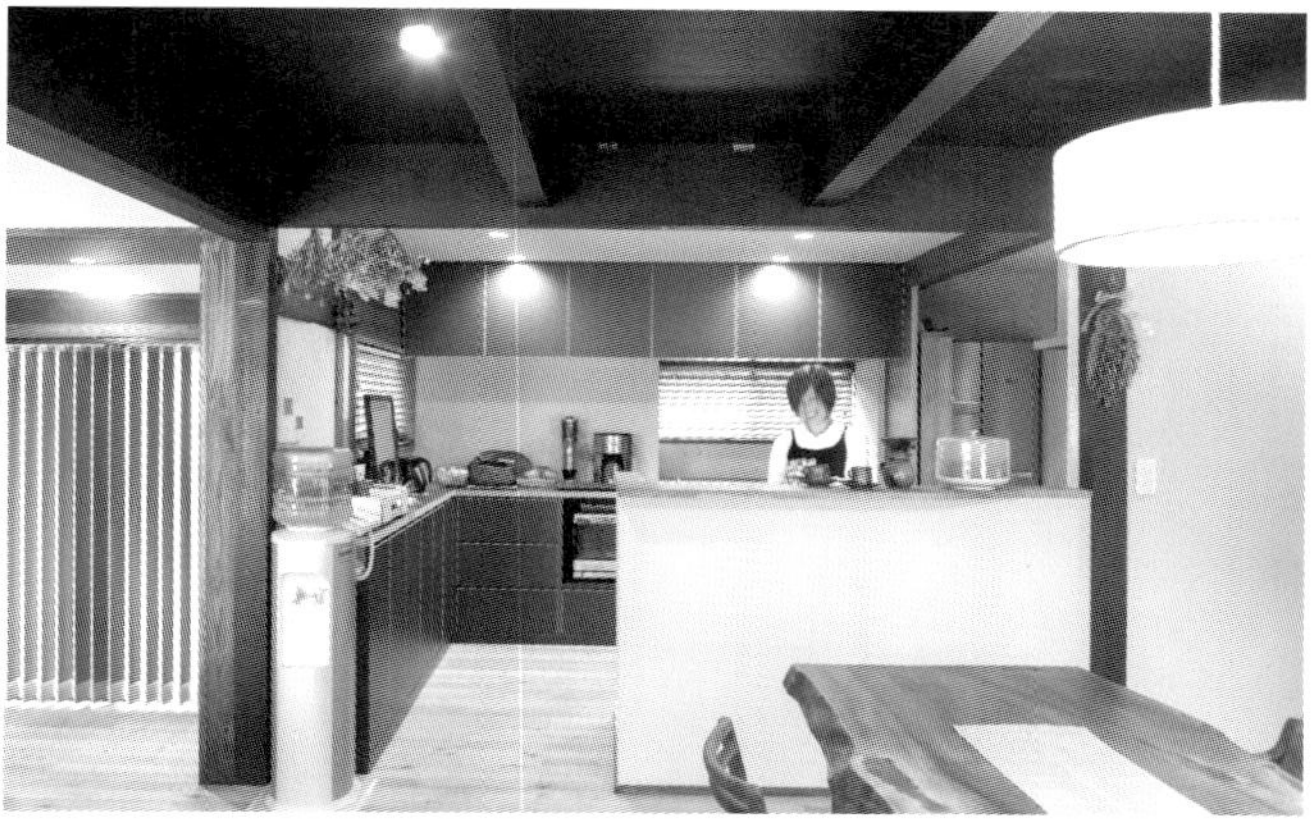

POINT 1　新築よりもコストを抑えて物件を取得

U様が入手された築100年の古民家は、1階に和室5室とキッチン、トイレ、浴室、広すぎるくらいの玄関土間をもつ2階建てに加え、和室と農業倉庫のある離れ、そしてゆとりある駐車スペースを備えた、広い敷地をもつ中古住宅でした。この広さの土地に新築住宅を建てることを考えると、予算的にはかなり高額になってしまい、それだけで夢を叶えるマイホーム自体をあきらめることにもなりかねません。

しかし、既存の住宅を生かして自分好みの家に変える**中古リノベーションは、ゼロの状態から築いていく新築に比べてコストが抑えられるという大きな魅力があります。**しかも、間取りや内装などは、建物の構造上問題がなければいくらでも自分好みに変えることができ、新築同様の住み心地を手に入れることができるのですから、よほど新築へのこだわりがなければ、**中古リノベーションはコストを抑えて新築同様のマイホームを叶える賢い方法**といえるでしょう。「今までの家賃並みの住宅ローン返済額でマイホームを」と思っても、新築ではそれなりの頭金を準備できなければ予算的なハードルがかなり高くなりますが、中古リノベーションなら比較的無理のない返済が可能になります。

POINT.2 理想の住空間をイメージしやすいのは新築住宅よりも中古住宅

新築の注文住宅は、自由度という面では確かに高いのですが、逆に言えば全くのゼロの状態から間取りや建材、住宅設備、内装などを決めていかなければなりません。あまりに決めることが多すぎて、そのうち「もう疲れた。あとはプランナーさんにおまかせします」なんてことになってしまいかねません。その点、**中古リノベーションでは既存の建物をベースにして、自分たちのライフスタイルに合った間取り変更や内装を考えていくことができるので、リノベーション後の姿がイメージしやすい**というメリットがあります。

U様の場合、広い玄関土間があった位置にカフェスペースとトイレを配置し、ここをパブリックスペース、浴室まわりと2階をプライベートスペースというふうにゾーンを分けて間取りを考案されました。ダイニングにはご主人ご要望の薪ストーブを置き、U様が長く大切にお使いになってきた重厚感あるダイニングテーブルを据えたくつろぎの空間が誕生。100年という長い年月を経た古民家と、ご夫婦の歴史が刻まれた家具の見事な調和は、U様が理想とするイメージをこの古民家で叶えられると確信し、中古リノベーションに踏み切られたからこそ、実現できたのだと思います。畑で採れた自家製野菜を料理する奥様の幸せそうな笑顔は、中古リノベーションの成功を物語っていました。

これまでの経験で、「天井を抜いてみて、現代ではなかなかお目にかかれない立派な梁が出てきたから、これを磨いて塗装し、空間のアクセントにしよう」などと、解体後にプランナーが提案し、当初のプランより雰囲気がさらに良くなったということもよくあります。こうした既存の建物ならではのうれしいハプニングもまた、中古リノベーションの魅力なのです。

Before

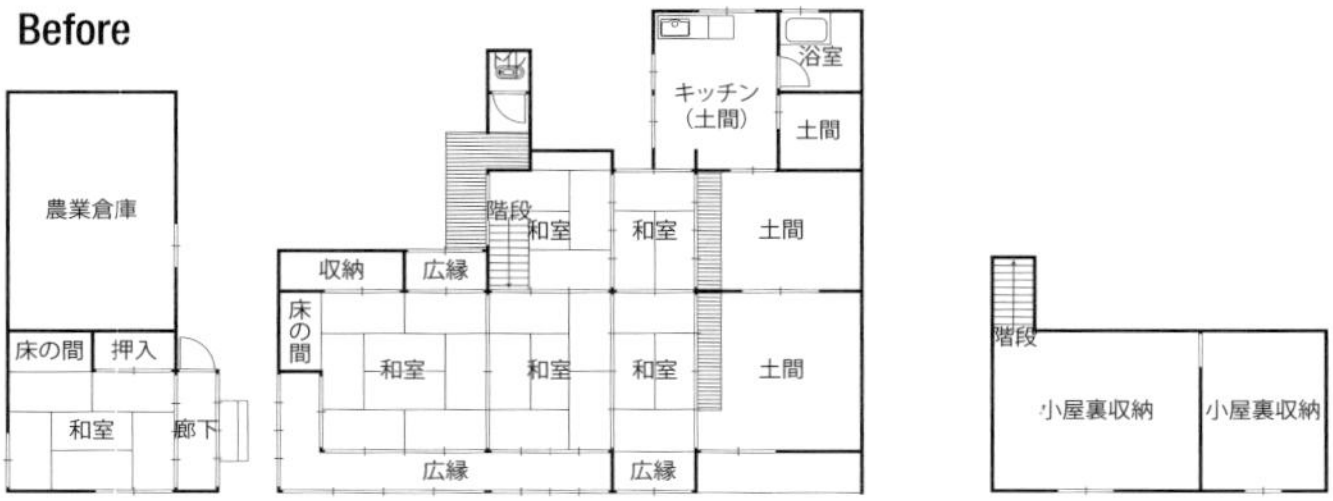

1F　　2F

After

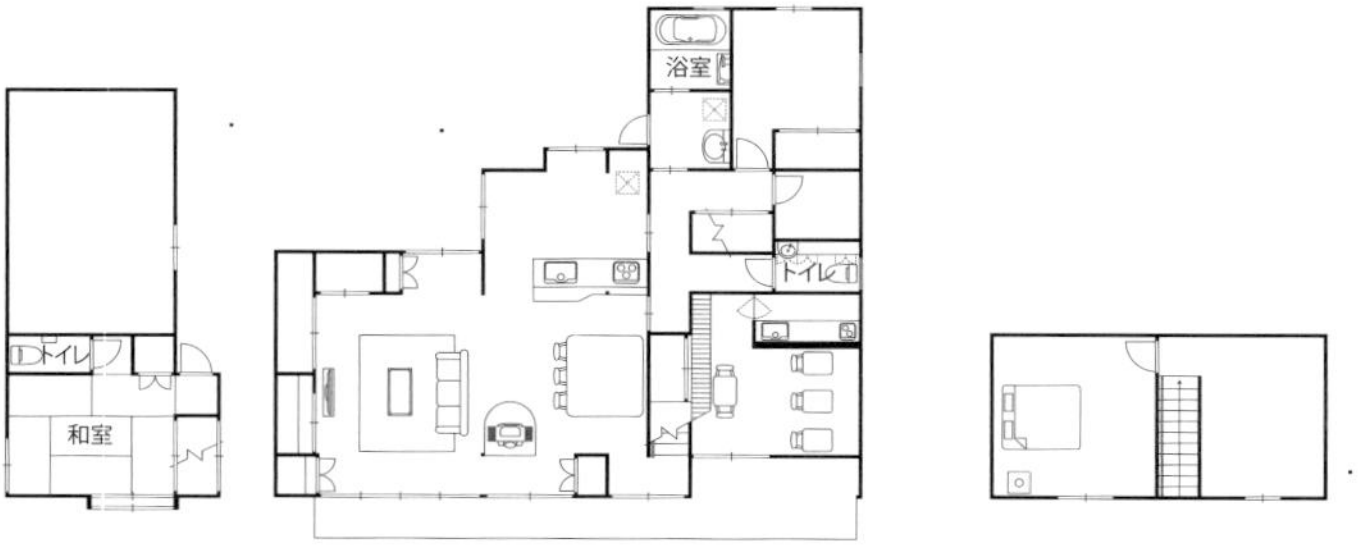

1F　　2F

POINT 3 新築にはない、歴史が刻まれた古民家が醸す味わい深さ

U様ご夫婦は、将来自宅でカフェを開きたいという奥様の明確なビジョンがあり、それを叶えるために地元で中古住宅を探されました。お二人の「終の住処」となる家であるとともに、イメージしたカフェ空間を実現すべく、古民家に限定して物件探しを開始。「古民家」でネット検索して当社のＨＰにたどり着き、奥様の実家がある倉敷市玉島地区で希望通りの古民家を見つけることに成功しました。

最近は、新築でも古民家風の外観や内装を施した家や店舗をよく見かけますが、**建ててから何十年も経つ、いわば〝本物の古民家〟が醸し出す独特の雰囲気はやはり違うものを感じます**。家に刻まれた長い歴史を感じさせる太い丸太梁や、経年変化で風合いを増した柱、建てた当時を

思わせるデザインの建具などには、**本物の古民家にしか感じられない味わい深さがあります**。これは、新築住宅でなかなか真似できるものではないでしょう。

古民家の味わい深さに魅力を感じ、それを生かしたリノベーションを実践したU様は、この雰囲気にマッチしたアメリカのクラシックタイプの薪ストーブを家族や友人で囲めるリビングに設置。長年愛用のダイニングテーブルをはじめ手持ちの家具や食器も、この古民家に溶け込むようになじんでいます。敷地内には水をくみ上げる井戸、農業倉庫と和室のある離れなど、古民家だからこそ備わっていたものもありました。新築で新たに井戸を掘ることはまずないでしょうし、離れをわざわざつくるくらいなら母屋を広くしたいと考えるのが普通でしょう。井戸も離れも、U様は古民家とともにうまく活用されています。

POINT 4 既存の使えるものを再利用して節約&雰囲気アップ

U様が入手した古民家には、家が建てられた当時の面影が残る建具や、昔使われていた生活道具などが多く残されていました。柱や梁などの構造材は太くしっかりとしており、磨いたり塗装し直したりして活用。縁側にあった欄間や玄関の式台、カフェスペースとダイニングの木天井もそのまま再利用しています。火鉢や長持（衣類や布団などを入れておく、長方形の蓋が付いた箱）、食器など、離れに残されていた物もできるだけ活用できる方法を奥様が考案。火鉢は植木鉢として、長持の蓋は庭に積み上げた薪が雨に濡れないよう薪のカバーに、食器はレトロ感漂うデザインのものを選んでカフェスペースの棚にディスプレーするなど、工夫を凝らしてすてきな使い方をされています。

既存の家にあったものを再利用することは、リノベーション工事の総

予算を抑えることができるので、コストの節約に直結します。そして浮いたお金を内装やインテリアに回すことで、より満足度の高いリノベーションに近づくことができるというメリットもあります。さらに、現在ではなかなか見られない、味わいあるデザインの建具や食器を活用することで雰囲気に独自性が増し、より個性に満ちた家にすることにもつながります。

家というものが、建てては壊す〝スクラップ＆ビルド〟から、手直しをして住み継いでいこうとする考え方へと変わりつつある今、何でも新しくすれば良いのではなく、既存のものを賢く有効活用することは、地球環境への負担を考えても有意義といえるでしょう。

第 4 章　中古リノベーションで実現した
　　　　　理想のマイホーム8つのポイント

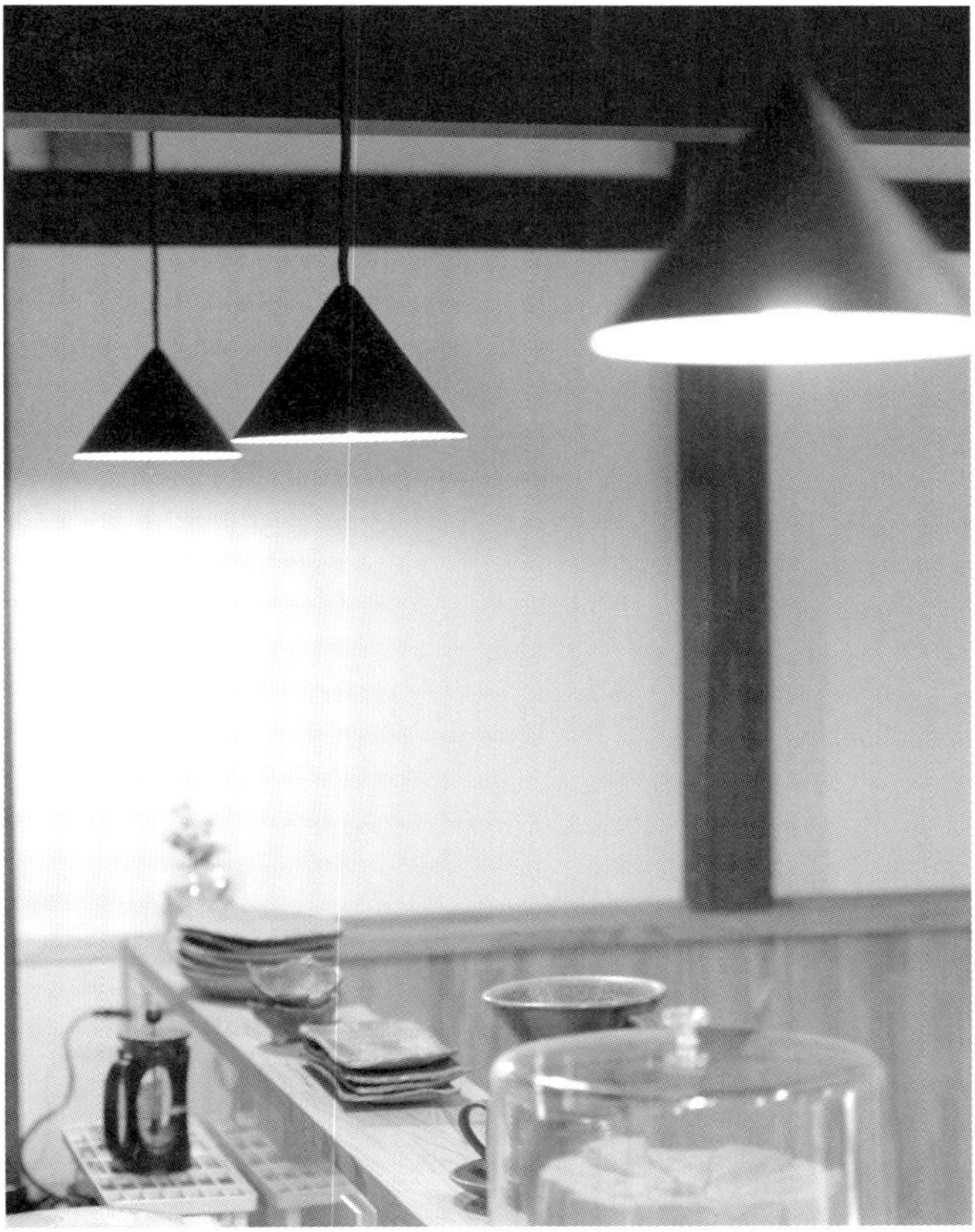

3世代同居の家を全面リノベーション

3世代同居の家を再生したK様の事例

3世代6人で築45年の家に暮らしていたK様。キッチンが使いにくく、収納も部屋数も不足していて、和室は数多くあっても使い勝手が悪いため活用できていないのがK様の大きな悩みでした。母屋と離れの間は土間になっていたため、K様は母屋と離れをつないで家族が暮らしやすいよう大幅な間取り変更を伴う全面リノベーションをすることに。

母屋と離れをつないで、家族全員で食事を囲むリビングダイニングを1階の中心に置き、もともと離れだった場所に親世帯の部屋と専用のキッチンを配置。法事を営む際に必要な和室を1室残し、2階には子世帯の居室を設けました。収納スペースの問題を解決するため、各階にウォークインクローゼットと納戸扱いできる洋室を配置し、充分な収納スペースを確保しました。キッチンには背後に広いパントリーを併設しましたが、空間を最大限有効活用するために少し増築を加えています。こうして家族6人が快適で暮らしやすい家が完成しました。

K様のケースは物件購入を伴っていませんが、中古リノベーションがもつ可能性の大きさを感じさせてくれる事例といえそうです。

Before

第 4 章　中古リノベーションで実現した
　　　　　理想のマイホーム8つのポイント

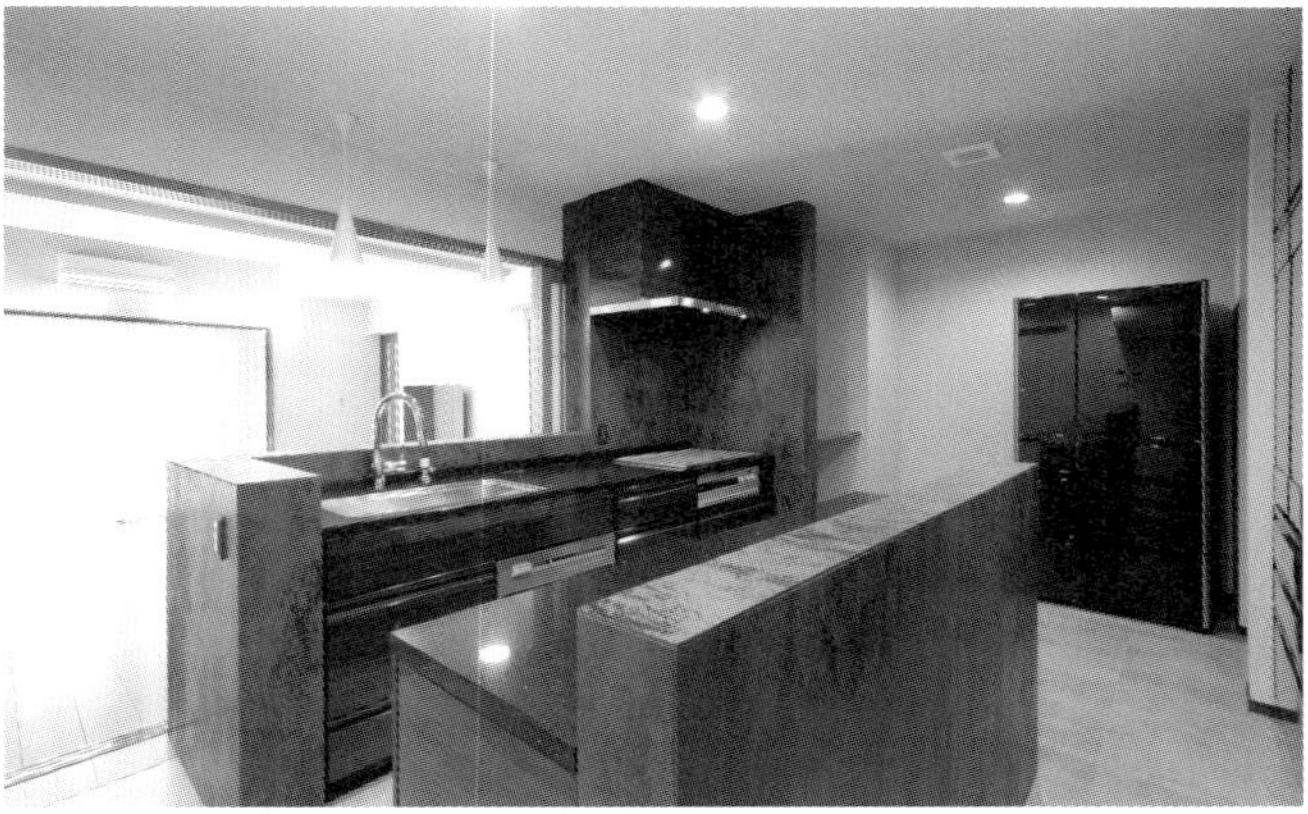

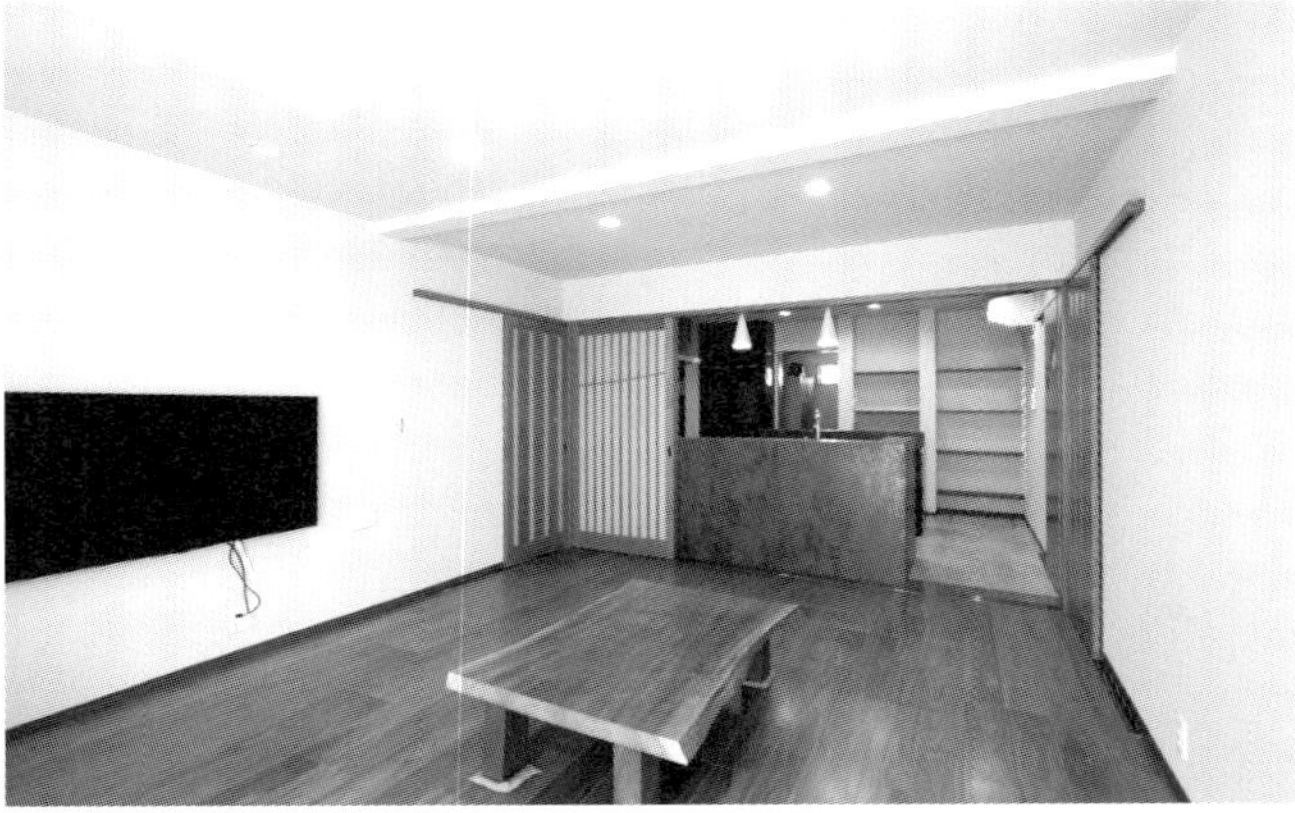

POINT 5 母屋と離れをつなぎ、増築と全面改装を伴う大胆リノベーション

子世帯が暮らす母屋と親世帯が暮らす離れをつなぎ、家族全員が暮らしやすい家にしたいとはじめたK様の全面リノベーション。和室が田の字型に並び、広縁や廊下を備えた昔ながらの間取りを、現在のライフスタイルに合うよう大がかりな間取り変更を行いました。トイレや浴室、洗面脱衣室の位置も大きく変更し、使い切れていなかった和室は最小限に。キッチンの背後にパントリーを配置するにあたり、一部増築をして広いパントリーと家事室を確保することができました。

敷地が広い場合、間取りのプランは何通りも可能になりますが、逆にいえばその分迷いも大きくなってしまいます。K様も最終的に間取りを決定するまでにかなりの時間を要しましたが、最初に図面を4パターン

作り、そこからプランを取れんして最終プランを完成させました。

中古購入リノベーションの場合、エリアや金額、広さなどの条件はそろっているのに、既存の状態の見栄えがあまり良くなかったことや、昔ながらの間取りや設備が理由で購入をあきらめる方がいらっしゃいます。しかし、壁紙が色あせて剥がれかかっていることや、湿気の影響でカーテンにカビが発生しているのを目にしただけで、「ここはダメだな」と判断するのは少し早計です。構造的な問題がなければ、調湿効果をもつ建材を使ったり、通風を考慮して開口部を新しく設けたり、結露防止のために内窓を取り付けるなど、湿気対策の方法はいくつも考えられます。中を全て壊してスケルトン状態にし、自由な間取り設計をして内装も設備も自分たち好みにできるのが全面リノベーション。K様のように一部増築をし、ときには減築してほど良い広さにすることも可能です。

住むには難しそうに見える物件でも、全面リノベーションという方法で劇的に生まれ変わらせることができるのです。

ただ、一般の方だと物件を見ただけではリノベーション後のイメージがなかなかしづらいという面もあるでしょう。大がかりな間取り変更を伴う物件であればなおさらです。よって、物件を探す時点から信頼できるリノベーション業者を選定しておき、候補の物件が見つかれば見学に同行してもらうのも良いかもしれません。

Before

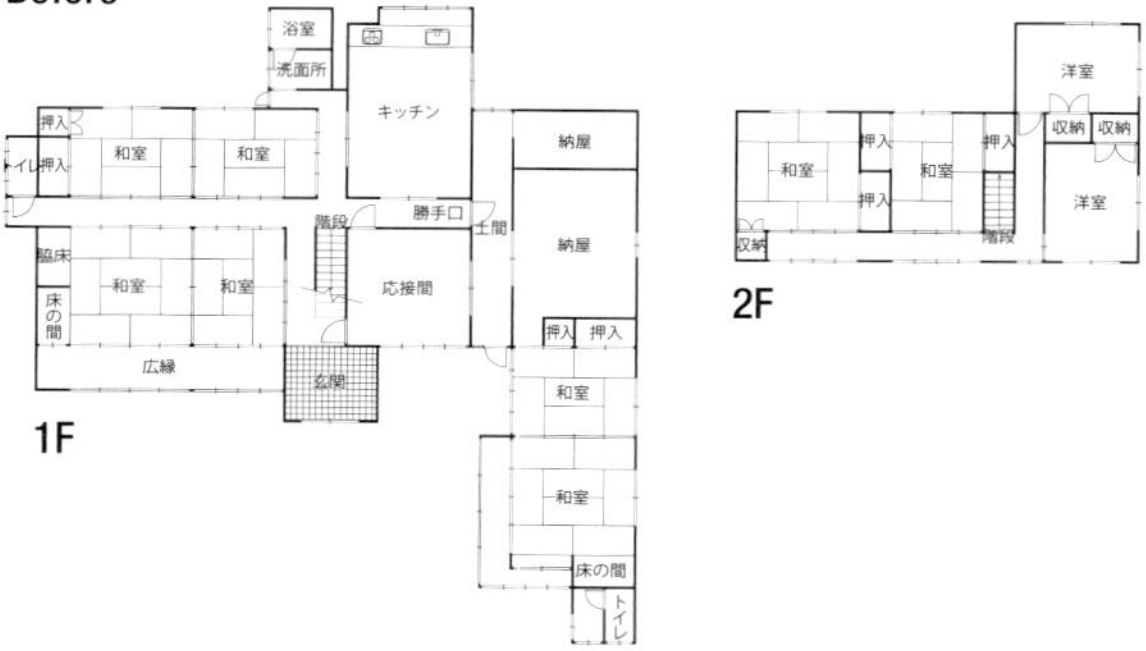

After

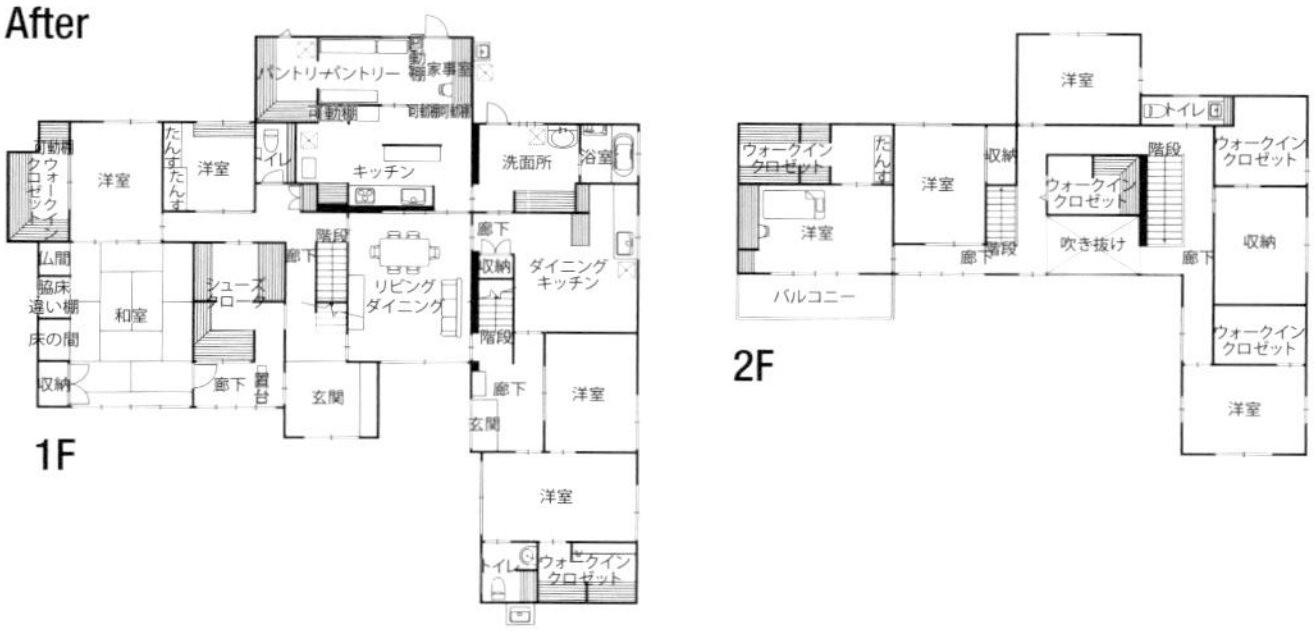

POINT. 6 安心安全に暮らすために必要な「耐震診断&耐震リフォーム」

人や建物に甚大な被害をもたらす大震災は、地震大国である我が国において再びいつどこで起きてもおかしくありません。阪神・淡路大震災では、火災に加え、家屋の倒壊によって実に多くの命が失われてしまいました。いくらすてきな家でも、安全性が担保されていなければ安心して購入することはできません。

そこでおすすめしたいのが耐震診断です。物件の売り主でも買い主でもない**第三者的な立場の専門家が住宅の強度を調べ、耐震性が十分かどうかを調査**するものです。建物の欠陥の有無や修繕が必要な箇所などを把握するホームインスペクション（住宅診断）の一環として行う場合もあります。診断後にもらえる報告書によって、修繕や補強など耐震工事の必要の有無や必要箇所が把握でき、工事後に耐震基準適合証明書を取得すれば、住宅ローン控除や不動産取得税の軽減、地震保険料の割引など買い主にとってさまざまなメリットもあるのです。

残念なことに、当社の担当エリアにおける傾向として、耐震診断が普及しているとはいえません。しかし、第三者による診断報告書は、住宅の資産価値を客観的に示すものになり、たとえ耐震性が低くても的確な工事を行うことで安心安全に暮らせる家にすることができます。

ちなみに、前述したU様邸は、増築と同時に耐震診断を行い、基礎を含めて補強計画を作成しました。重い瓦屋根をガルバリウム鋼板の屋根にして軽量化を図り、地震時の被害を軽減できるよう配慮。耐力壁を増やすなどして耐震性を向上させ、安全面の不安も解消することで将来にわたって安心して暮らせる家になったのです。

POINT. 7 コストを抑えて住みたいエリアに住む

「マイホームを持つならあのエリア」と考えている方もいらっしゃることでしょう。その一方で、住みたいエリアがあってもなかなか土地が見つからないことや、地価が高すぎて新築では予算的にあきらめざるを得ないというケースも少なくありません。

しかし、**新築は難しくても、中古リノベーションなら住みたいエリアでマイホームを叶える可能性が高まります。**中古物件を見つけてリノベーションを行えば、新築戸建てを建てるよりもコストを抑えることが可能です。公共交通機関が充実しているエリアなら車を持たずに生活することができるため、家に駐車スペースを確保せずに済みます。

以前、当社のお客様で、倉敷美観地区のほど近くにある古き良き倉敷の町並みが気に入り、その町並みのなかに建つ昔ながらの佇まいの一軒家を購入された方がおられました。「将来は自宅で料理店を開きたいので、このすてきな雰囲気のエリアに家を持ちたい」という思いから購入を決断し、その後当社で全面リノベーションを実践されました。歴史を色濃く残す町家風の外観はそのままに、屋内もできるだけもとの雰囲気を残したいとの思いを大切にしながらプランを構築。建具や上がり框《かまち》は補修して再利用し、暮らしやすい間取りと快適性向上を図りました。こうして、暮らし心地が良く町並みに溶け込んだ風情ある家を、新築よりも低いコストで実現することができたのです。

ただし、「電車やバスなど公共交通機関が充実」、「スーパーやコンビニが近くて便利」、「学校が近い」といったエリアは、物件を探している方たちに人気が高いため競争率が高く、どうしても高価格帯の物件が多くなります。その結果、なかなか物件が見つからず、結局中古リノベーションをあきらめてしまうというケースもあるので、立地条件にこだわりすぎるのも良いとは言い切れません。例えば、スーパーが近くて便利な場所は、車や人の往来が盛んなため、人の話し声や車のエンジン音が気になるというデメリットを併せ持つ可能性もあります。ときには立地条件を緩和して物件を探すことも考慮しておきましょう。

POINT 8 「妥協して新築」よりも中古リノベーションで夢を実現

自分が本当に住みたい家を実現できる方法としては、もちろん新築の注文住宅が一番です。最も自由度が高く、思い通りの間取りにでき、建築上問題がなければ何も妥協することがないからです。しかし、新築の注文住宅を建てられるほど潤沢にお金をつぎ込むことは、現実的に考えるとなかなかできるものではありません。多額の住宅ローン返済と引き換えに、自分の趣味や家族での娯楽・外食、教育費を削るようでは、本当の意味で家族が幸せになれないのではないでしょうか。

しかも、本当の意味で自由に建てられるのは「完全注文住宅」といわれるものであり、新築の注文住宅といいつつも、実際はいくつかの規格住宅のなかからパターンを選ぶようにして建てることが多いのが実情です。規格住宅のなかから選ぶとなれば、「和室は不要だから、なくしてリビングと一体化させてほしい」、あるいは「将来両親との同居を見据えて、1階リビング横に和室を確保したい」など、お施主様ごとの細かい要望を反映することも難しいため、当然妥協せざるを得ない部分も出てくるでしょう。せっかく多額の住宅ローンを組んでも、新築とはいえ不満が残るような家を建てるようでは、後悔の方が大きくなってしまいかねません。せっかくの夢のマイホームがこれでは、あまりにも残念です。

妥協して新築住宅を建てるくらいなら、既存の建物を活用して自分たちの思い通りの住空間を叶える中古リノベーションを選択する方が、理想の家の実現に近づくことができるといえるかもしれません。そして、イメージ通りのリノベーションにするためには、家族一人一人が「趣味の茶道を楽しみたいから茶室が欲しい」「料理が好きなのでアイランドキッチンを中心にしたＬＤＫにしたい」といった、「叶えたい生活」を具体的に思い描くことが大切です。

第5章

中古リノベーションのプロがあなたの疑問に全てお答えします！中古リノベーションQ＆A

中古リノベーションQ&A【不動産編】

【教えてくれた人】

内海 弥久さん
1978年生まれ。カスケ不動産、不動産部部長。生まれも育ちも倉敷で、とにかく地元に詳しい！

Q そもそも中古リノベーションは、世間にどれくらい浸透しているものなの？

A まだまだ広く浸透しているとはいえません。

当社で不動産探しからお手伝いして、１０００万円以上かけてリノベーションされる方は年間６～８棟程度というのが現状です。同じ倉敷市エリアの他社でもそれほど多くないようで、まだまだ広く浸透しているとはいえません。そもそも、物件探しから施工まで一貫したワンストップサービスを展開している同業者も同じエリア内ではまだ見られないという状況です。

それでも、中古リノベーションに対する認知度は、以前よりも上がってきているという実感はあります。昔はこちらが提案しても、「いや、新築がいい」と話も聞いてくれないような状況でした。今では中古リノベーションを選択肢のひとつとして考慮してもらえるので、少しずつ興味は持たれているのかなという手応えはあります。

Q　本当にリノベーションすれば新築同様になるの？
A　安心感をもってもらうためにホームインスペクションに力を入れています。

一見してきれいでオシャレな佇まいの新築と、見た目が古く、水まわりの設備も劣化した中古住宅を単純に比べれば、ほとんどの人が新築を選ぶのは無理もありません。いくら「中古の建物でもリノベーションで新築同然になりますよ」と説明したところで、目の前の印象にはなかなか勝てず、「この中古住宅を買うのは怖い。少々高くても新築を選んだ方が間違いない」と考えるのもある意味自然なこと。中古リノベーションという選択をする勇気が持てないのも分かります。

しかし、そのようなお客様に対して、私たちからすれば「もったいないな」と思うことが多いのが正直なところです。ご相談をいただいた最初にお客様とお話をして、予算や条件、理想のイメージをお聞きした上で、私たちはお客様の予算内でリノベーションをすれば要望に沿った住まいになるだろうと予測できる中古物件を選んでご紹介しています。

もちろん、家は一生で一番大きな買い物であり、慎重であってしかるべき。よって、リノベーションすれば新築同然になると言われてもなかなかイメージが湧きにくく、見た目が良くない物件を選ぶことは勇気がいるでしょう。そのようなお客様に対して、**できるだけ安心感をもって中古リノベーションを選択してもらえるよう、当社ではホームインスペクションに力を入れています。**

（ホームインスペクションについて、詳しくは第3章に記載しています）

Q　今、住んでいるエリアでマイホームを買いたいのだけど新築物件がなかなかなくて……

A　中古リノベーションという選択肢はいかがでしょうか？

「マイホームを実現したい」という思いから当社に相談に来られるお客様は、多くの場合「ここに住みたい」という希望のエリアを想定されています。現在暮らしている生活圏と同じエリアだったり、子どもの希望学区だったりと理由はいろいろありますが、その希望エリアのなかで物件を探そうとする方が多いのが実情です。

しかし、**そのエリア内で新築を建てる土地がなかなか見つからないということも珍しくなく、新築にこだわっていては希望エリアでマイホームを実現することは難しいというケースも多々あります。**そこで、中古リノベーションという選択肢を広げれば、希望エリアでお客様がイメージするマイホームを実現することは十分可能になります。建物が古くても、リノベーションすれば新築と同程度の耐震性や断熱効果を得ることができ、安心安全で快適な家を新築よりも低コストで手に入れることができるとなれば、新築を購入するよりも賢い選択肢になり得るのです。

Q　新築物件があるのに中古物件を売りつけようとしているのでは？

A　中古住宅の購入を押しつけるようなことは絶対にしません。

リノベーションを手がけている会社だからといって、私たちが中古住宅の購入を押しつけるようなことは絶対にしません。「新築に加えて、中古リノベーションという方法もありますが、どうですか？」という提案を行い、お客様が置かれた状況や要望を踏まえつつ、お客様にとって最善の選択をしてもらえるよう最良のサポートに徹するのが私たちの役割です。**マイホーム実現の方法として、新築、建売、中古リノベーションなどそれぞれに長所と短所があるので、お客様のリクエストに一番近い形で実現できるのは何かを探っていく**のです。

リノベーションを手がける会社の不動産売買担当者として、リノベーションを前提に物件を購入する際は、「建物は変えられても、立地は変えられない」ということを意識してもらえればと思います。

Ｑ　中古物件が決まったら次は何をするのですか？
Ａ　予算の範囲内で工事内容を決定していきます。

希望のエリアで中古住宅が見つかり、中古リノベーションを行うとなれば、次はどのようなリノベーションができるのか（したいのか）を決めていきます。

２０００万円の予算のなかで、１２００万円の物件が見つかったとしましょう。諸経費を１５０万円とすると残りは５００～６００万円。この金額のなかでできるリノベーションを一緒に考えていくのです。これも、しっかり資金計画を立てて、予算が決まっているからこそできることとできないことが明確になるのです。そうすれば、「やりたい工事を全て行い、気が付いたら最終的にこんなにかかってしまった」などと、予想を超えた大幅な予算オーバーになることもありません。

一方で、物件価格が安いからと手を出してしまい、結局リノベーションにお金がかかりすぎたケースや、必要以上に工事を倹約したために住みはじめてから「ここが壊れた」「あそこが使いづらい」などと不具合が続出して、追加工事をせざるを得なくなったケースなどもあります。最初の資金計画で予算を算出する際、高すぎるのも低すぎるのも問題です。せっかく家を買うのであれば、お客様のライフスタイルに合致した家にしていただきたいので、そのあたりは私たちもお客様と最初から深い話をしていけるようにしています。

Ｑ　どのような業者に依頼するのが良いでしょうか？

Ａ　自分たちの家のことを真剣に考えてくれる業者さんが良いです。

中古リノベーションは、物件選び、設計デザイン、施工など、お客様と話し合って決めることがとても多くあります。少し大げさにいえば、理想の家をお客様と担当者が一緒になってつくっていくのであり、信頼関係は絶対に大切なものです。当社に限らず、中古リノベーションを検討する際は、信頼できる業者や担当者を見つけることが重要であり、施工技術の高さや実績の多さだけでなく、「この人（業者）はどれだけ自分たちのことを真剣に考えてくれているか」ということも業者選びの判断材料に加えると良いでしょう。私たちもお客様から信頼できる家づくりのパートナーとして選んでもらえる存在になれるよう、日々努力しているつもりです。

Q　倉敷エリアの中古リノベーション事情を教えてください。

A　中古リノベーションの予算の目安は2000万円です

当社がカバーする倉敷エリアにおいて、中古リノベーションに最も関心を寄せている年齢層は30〜40代。50〜60代になると約1割程度になります。中古リノベーションがなぜ30〜40代に人気なのかといえば、高いデザイン性はもちろんですが、それ以前に所得が関係しているのだと考えられます。

倉敷市内では、この世代だと年収400〜500万円という方が7割近くを占めていて、そこから予算をはじき出すとどうしても新築を買うのは厳しくなってくるのが実情です。新築の場合、毎月の支払いが10数万円はかかることが一般的で、それを滞りなく払っていくことは若い人にはなかなか難しく、そういった現状が中古リノベーションという選択肢に向かわせているという面もあるのではないでしょうか。

そんななかで、中古リノベーションを検討される多くの方が予算的な目安としているのが、２０００万円という金額です。これはあながち間違っていません。先ほど例を挙げた通り、毎月５万円の家賃の賃貸住宅に住んでいて、**30年の住宅ローンを組んでマイホームを購入したいと考えた場合、低い金利の金融機関で融資してもらえる金額は１８００～２０００万円となり、２０００万円以下という予算内に収まる**からです。

Q 土地が高いエリアはどのあたりでしょうか?

A 坪単価が高いのはＪＲ倉敷駅、新倉敷駅、総社駅の周辺です。

当社の本社がある玉島周辺エリアについていえば、まず価格の高いエリアとして新幹線が停車するＪＲ新倉敷駅周辺が挙げられます。このあたりは坪単価40万円前後で、そこから少し離れて国道2号線と国道428号線に囲まれたエリアあたりまで来ると、坪単価は20万円前後になります。さらにその南に行くと15万円以下、10万円以下と下がっていきます。駅周辺だけが突出していて、そこから離れるにつれて徐々に安くなるという分かりやすい価格になっています。

一方、ＪＲ倉敷駅前周辺になると、坪単価は60~70万円と、玉島よりも相場はぐんと高くなり、観光地として知られる倉敷美観地区周辺も50

～60万円はします。ただ、倉敷駅周辺も、駅から離れていくに従ってどんどん安くなっていきます。倉敷駅から4～5キロ離れた高梁川沿いの住宅地あたりまで行けば、20万円を切る物件も多くなります。よって、倉敷エリアで坪単価が高いのは、JR倉敷駅、新倉敷駅、総社駅の周辺といえるでしょう。

Q　ホームインスペクションするメリットはどんなことがありますか？

A　例えば、住宅ローン減税も受けられます。

とあるお客様が購入した物件は昭和60年に建てられた住宅のため、新耐震基準に適合していました。そのため、築20年を超えていても、ホームインスペクションを行って耐震基準適合証明書を取得し、既存住宅売買瑕疵保険に加入すれば、住宅ローン減税が適用できる対象となりました。建物の安全性が確認できる上、住んでから雨漏りなど不具合が出て生活に支障をきたした場合は、不具合による損害に対して保険金が支払われるため、住む人にとっては大きな安心材料となります。その上に住宅ローン減税も受けられ、このお客様の場合は１００万円近く恩恵にあずかることができました。

このように、中古リノベーションにおける税制上のメリットがあることをもっと知ってもらえれば、空き家を活用できるという社会的意義とも相まって、中古リノベーションを選ぶ方もさらに増えてくると思います。このことを広く知ってもらうようにするのも、私たちの仕事のひとつと考えています。

Q　リノベーションで本当に理想の家が実現できるのでしょうか？

A　ご要望とプロの提案でさまざまな可能性が広がります。

リノベーションを行う前は、ほとんどの方が専門的な知識や情報は持ち合わせていないのが一般的です。最初は手探り状態で要望を伝えるのが精一杯でも、そこに設計やデザインのプロの知識が加わり、間取り図やパースができてイメージが明確になることで、要望はより具体的になっていきます。プロの手が入ることでリノベーションの可能性が広がり、「そんなことができるのか。それならこんなこともできますか？」などとお施主様側からも新しいアイデアが寄せられ、お施主様が思ってもみなかったプロからの意外な提案がプランに取り入れられることもあります。

ただし、全てのリノベーション会社や工務店が、「こういうこともできますよ」と設計側からアイデアを提案したり、丁寧にプランを説明してくれたりするわけではありません。お施主様に言われた通りの間取りやデザインを忠実に実行するのみという業者もあります。工事が終わった後で、「そんなやり方があるなんて知らなかった！」とか、「そんな話、聞いてない！」などと後悔が残ることのないよう、リノベーションに関する知識や技術、経験を多くもつ業者や工務店を選ぶことが大切です。

Q　中古リノベーションで失敗しないための秘訣はありますか？

A　「正しい買い方を知る」ことです。

マイホームという一生に一度の大きな買い物をするにあたって、絶対に失敗や後悔はしたくないというのが多くの人の本音でしょう。これは新築でも中古住宅でも同じです。

その一番の秘訣は、「正しい買い方を知る」ということに尽きます。購入にあたっては、「こんな家に住みたい」「この街に住みたい」など、イメージ優先で考える人が多いのが現状ですが、**自分たちの置かれた状況や予算などを踏まえ、現実的に本当に自分たちに合った物件かどうかを、不動産のプロにしっかり相談して判断することが大切**だと思います。

中古リノベーションに関しても、ホームインスペクションを利用して建物の状態を正確に知った上で、不具合があればどう対処するか、どこにどれくらいお金をかけるのかを考える必要があります。既存住宅売買瑕疵保険についても、知っていなければ住宅ローン減税は適用されず、損をするのは自分自身。全ての業者がそのような知識を教えてくれるとは限らないのです。物件が売れればＯＫで、後は知りませんという業者も少なくありません。信頼できる不動産業者を見つけておくことも大切でしょう。

Q　相談する業者さんは1社だけのほうが良いのでしょうか？

A　1社だけでなく、2〜3社に相談するのが良いと思います。

一般の方には意外と知られていないのですが、土地も建物も、市場に出ている不動産は、基本的にどの不動産業者でも仲介することができます。「この物件はこの業者しか取り扱っていない」と思われがちなのですが、不動産流通機構（ＲＥＩＮＳ）に登録している不動産業者であれば、どの業者でも仲介が可能なシステムになっています。ＲＥＩＮＳとは、不動産売買の利便性向上を図るため、不動産物件情報交換のために誕生したコンピュータ・ネットワーク・システムです。登録業者であれば、日本全国どこからでも同じデータベースにアクセスできるようになっています。

そのため、ひとつの不動産業者の店頭やホームページで興味のある物件を見つけたからといって、必ずその業者に仲介してもらわなければならないというわけではありません。同じ物件を他の業者で仲介してもらうこともできるので、１社だけでなく、２～３社に相談して、不動産の買い方や物件情報の説明を受けた上で、どこで買うのが一番良いのか判断することをおすすめします。「担当者が親身になって話を聞いてくれた」「一番誠意を感じた」など判断基準は人それぞれ。当社が扱う物件でも、すぐに決めずに他社を訪ねて説明を受けてもらいたいのです。購入者にとって有益な情報を伝えてくれる業者なら、安心して取引できると判断できるでしょう。他社を回って当社を訪ねて来られ、「あの業者はこんなことも教えてくれました」ということがあれば、私たちもぜひ学びたいところです。

いずれにしても、不動産業者選びは慎重に考えましょう。

中古リノベーションQ&A【耐震編】

【教えてくれた人】

倉森 仁司さん

１９７５年生まれ。一級建築士、カスケホーム、設計部長。岡山市出身。趣味は車いじりとブラックバス釣り。

Q　中古物件を購入するにあたって注意すべき点はありますか？

A　耐震性をはじめとした家の基本的な性能がきちんとしているかどうかです。

中古住宅で一番重要なのは、見た目では分からない部分です。耐震性をはじめとして家の基本的な性能をしっかり備え、住む人が安心して暮らせる家なのかどうか、それをはっきりさせるのが私の仕事だと思っています。

中古リノベーションの物件購入において、外見からは判断できず、一般の方には分かりにくい部分ではありますが、これから長く暮らす家を買うにあたっては一番大事なことです。にもかかわらず、**日本では中古住宅を購入しようと物件を見に行く際に、耐震面についての知識を持った人に同行してもらうという習慣はありません。**不動産業者は同行しますが、耐震について知識のあるスタッフであることはごくまれでしょう。立地条件や見た目は気に入ったとしても、購入前に耐震診断を依頼して耐震性を確認する人はなかなかいないのが現状です。結局、建物の耐震強度が十分かどうかは分からないまま、購入に至るケースが多いのです。

Q　築年数の古い物件でも耐震性に問題ないケースはあるのでしょうか？

A　築40年超で新築並みの耐震性を備えた物件がありました。

不動産業界の通例では、築25年を過ぎた木造住宅の資産価値はゼロと見なされ、売ってもお金にならない古い物件ということで、タダ同然で取り引きされるのも珍しくありません。物件の売買においても、「建物は0円でいいので、土地代だけお願いします」ということがまかり通っています。リノベーションをすれば問題なく住むことができるのにも関わらず、建物が0円と聞けば、「価値のない家を買うなんて大丈夫だろうか……」と、購入を検討する側が不安になるのも無理はありません。

当社が扱っている物件で、倉敷市の西阿知地区に築40年を超える中古住宅があります。担保価値は確かに低いのですが、インスペクションを実施してみたところ、耐震面においては実に優れた物件で、最高の耐震等級にあたる新築物件並みの耐震性を備えていたのです。そのことを知らないまま見た目や築年数だけで判断して、「こんな古い物件は価値がない」と建物0円で取り引きするのはいかがなものかと思うのです。こうしたケースを見るにつけ、中古物件を選ぶときに本当に頼りになるのは、不動産業者よりも建物の価値を正しく見極めることができる建築のプロなのではないでしょうか。

Q　ホームインスペクションは必須なのでしょうか？

A　２０１８年４月から、中古住宅については義務化されることになりました。

２０１８年４月から、宅建業者は中古住宅売買において、買い主からの要望があれば必ずホームインスペクションを仲介しなければならないことになりました。これまでもホームインスペクションは新築・中古住宅ともに任意で利用されてきましたが、買い主が希望しない限り、その説明や業者の仲介、実施についてはほとんどされてきませんでした。それが、中古住宅については義務化されることになり、正確には、インスペクションについての説明、業者の仲介希望の有無確認、仲介希望者への業者の情報提供、実施に向けた段取りを行わなければならなくなったのです。つまり、不動産業者は「ホームインスペクションとはこういうもので、この建物はしっかり診断した方がいいと思いますがどうしますか？」という具合に、お客様に必ず聞くことを義務づけられました。

こうなれば、不動産業者はホームインスペクションを無視して物件を売買することはできなくなり、買い主にとっては安心感が増すでしょう。

Ｑ　他の業社ではホームインスペクションの話は聞いたことがなかったのですが。

Ａ　理解をもっと深めるべきは不動産業者の方だと考えています。

ホームインスペクションについては、当社では法律改正を見据えて早めに対応してきました。ただ、ホームインスペクションへの理解をもっと深めるべきは、中古物件を購入する側以上に不動産業者の方だと考えています。そのため、私たちは不動産業者に向けてホームインスペクションについてのセミナーを積極的に開き、そのやり方や重要性について伝えるようにしています。残念ながら、不動産業者のなかには、ホームインスペクションを〝物件の粗探し〟のように考えている人も少なくありません。自分たちが扱う物件にケチが付けられるのではないか、価値を落とされるのではないか、などという先入観ではなから毛嫌いしていて、ホームインスペクションの導入に消極的な立場を取っている人もいます。

しかし、ホームインスペクションは、物件売買において本当は強みになるものです。ホームインスペクションを行った結果を基にリフォームをすることで、「ここは経年劣化しているので、このように直せばきれいになって安心して暮らせますよ」と、お客様に対して安心して購入してもらえる物件であるということを明確に証明できるエビデンス（証拠）になり得るからです。物件の性能が〝見える化〟されて、透明性が増すため、お客様と不動産業者、両者にとってホームインスペクションはプラスになることですから、今後は積極的に行っていく価値があると思います。

Q　ホームインスペクションすれば安心して住める家になるのでしょうか？

A　古い物件が問題なく住めるようになったケースを数多く見てきました。

私たちは長年リフォーム・リノベーションを専門に行ってきたことで、お客様が思わずちゅうちょするような古い物件でも、適切に直せば問題なく住むことができるということをこれまで数多く見てきました。古い物件が新しい命を吹き込まれ、家族が愛着をもって住める家になる喜びをもっともっと広めていきたいと思っていて、そのために建物の耐震性や安全性を証明できるホームインスペクションを今まで以上に周知・実施していきたいと考えています。

中古リノベーションを考えているお客様がまず向かうのは、多くの場合不動産業者です。その不動産業者がホームインスペクションを理解し、お客様に説明して実施することで、中古住宅に対する信頼感は高まり、同業者のなかでの差別化にもつながるはずです。「当社はホームインスペクションに力を入れて、安心安全な中古住宅を扱っています」と胸を張っていえることがその業者にとって強みとなり、ひいては中古リノベーション市場の拡大にもつながっていくと信じています。

Ｑ　岡山は地震が少ないのでそんなに耐震性を気にする必要がないと思うのですが。

Ａ　耐震工事をすれば確実に安全性がアップし、家族の安全や命を守ることにつながります。

岡山県は、昔から比較的地震の少ない地域ということもあり、家の耐震性については「まぁ、たぶん大丈夫だろう」と考えて、耐震工事はやや軽視しがちな傾向が見られます。中古リノベーションにおいても優先順位が低く、できるだけ費用も抑えたいという思いもあってか、耐震性を確かめるホームインスペクションにもあまり積極的とはいえません。

　それでも、私はホームインスペクションをしつこいくらいにお客様にアピールしても良いのではないかと考えています。ホームインスペクションを実施して、耐震性に問題があれば耐震工事を行うわけですが、それはある意味、家族の安全や命を買うことでもあります。例えば、自動車保険への加入も安全に対してお金を支払うことといえますが、保険に加入したからといって、事故に遭う確率が下がるわけではありません。あくまでも、受けた損害に対して金銭的なフォローをしてくれるということです。その点、耐震工事はお金をかけて工事すれば確実に安全性がアップし、家族の安全や命を守ることにつながります。だからこそ、ホームインスペクションは必要なのであって、私たちは使命感をもって「ご家族の安全のためにホームインスペクションをおすすめします」「お金を払ってでも耐震工事をしっかりした方がいいですよ」などとお客様にしっかり伝えていくべきだと思っているのです。

Q　耐震工事をすることで補助金は出ないのでしょうか？

A　補助金を受けることができます。

倉敷市の場合、新耐震基準以前に着工した木造住宅の耐震工事を行うと、工事費の50％、最大60万円の補助金を受けることができます。意外と多いなと思われるかもしれませんが、比較的地震の多い名古屋市では、この倍以上、最大135万円の補助金を受けられる場合もあり、耐震に対する切実度の違いが如実に表れています。倉敷市も耐震構造がしっかりした家を広めようとはしているのですが、それほど予算がかけられないのが現実です。それでも、倉敷市の60万円は岡山県内では比較的高い方だといえます。地震が少ない地域であっても、ホームインスペクションや耐震工事の大切さについてしっかり啓蒙していくことも、私たちの役割だと考えています。

Q　耐震性といっても目に見えないことなのでなかなか真剣に考えにくい面が……

A　安全性を目に見えるようにしました。

地震の少ない岡山において、「耐震よりも機能やデザインなど、目に見える部分にお金をかけたい」と多くの人が考えるのも、ある意味自然なことではあります。そのため、私たちは安全性という見えにくいものを、目に見える形にして分かりやすくアピールすることを心がけています。それが、耐震診断による計算書です。耐震性をさまざまな項目ごとに数値化して、安全性を明確にするのです。

耐震性におけるチェック項目には、「建物の強さ・バランス関係について」「地盤と基礎の強さの関係について」「建物の老朽化について」というものがあります。それぞれの項目を調べるために、建物の間取りを採寸したり、基礎や外壁に亀裂が入っていないか、床下の換気口や湿気状況に異常がないか、目視で確認したりヒアリングをするなどして調査していきます。決められた要素については数字で評価が出せるようになっているのですが、気をつけたいのが、診断する人によって数値が変わる可能性があることです。

Q　見えない部分の診断はどのように行うのでしょうか？

A　ヒアリングや予測などで評価することになります。

耐震診断を行うにあたり、見える部分については問題ないのですが、見えない部分、つまり壁の内側などは、壁を壊して確認することはもちろんできません。よって、ヒアリングや予測などで評価することになるのですが、目視して確認できないため、そこには診断を行う人の経験による判断要素が絡んできます。人によって経験の多少や内容は異なるため、どうしても評価にバラつきが出てくるのです。

ただし、出された評価についてもう一度チェックするシステムがあります。一般社団法人岡山県建築士事務所協会という組織のなかに、建築物耐震診断等評価委員会というグループがあり、そこには大学教授や構造設計一級建築士など、建築のプロが12名所属しています。当社の場合は、私たちが診断して作成した報告書をその評価委員会に提出し、評価委員会のチェックを受け、最終的に評価書として戻ってきます。**建築物耐震診断等評価委員会は公的な組織であるため、こうしたチェックを行った末に耐震性が確認されたということは、県のお墨付きをもらったようなもの。**そこまで丁寧にやっているかどうかも、不動産業者やリノベーション会社を選ぶ基準になるかもしれません。

Q　耐震性はどこまで求めるべきでしょうか？

A　できる範囲で耐震性を求めるのが正しいことです。

住宅の耐震性というものは、言ってしまえばお金を多くかけるほど上げていくことができるものです。耐震工事によってある一定以上の強さを満たせば、耐震基準をクリアした建物であるといえますが、高い耐震性を求めるほど費用は高くなります。

「耐震工事にかけられる予算は30万円しかない」というお客様に対しては、30万円分の耐震工事を行っていますが、それでも工事前に比べて建物の安全性が高まることは確かであり、できる範囲で耐震性を求めるのは正しいことです。耐震工事においてそれぞれのお客様の状況に合ったきめ細やかな提案をしていくことも、これからのリノベーション会社や工務店には必要でしょう。

もちろん、耐震基準を満たしているのが一番ですが、だからといって絶対安全というわけでもありません。現状を数値で表すことができるので、「現在はこのくらいですが、ここからどこまで耐震性を求めますか？」といった具合に、お客様と話し合いながら工事内容を決めていきます。耐震工事は、「やるかやらないか」ではなく、「どの程度やるか、どこまでやれば安全と感じられるか」を話し合い、できる範囲で行うというのが私たちのスタンスです。

Q　耐震性についての基準はあるのでしょうか？

A　建築基準法で定められ、改変を繰り返し2000年から新耐震基準となっています。

1948年の福井地震による被害を受けて、1950年に法制化された建築基準法には、耐震性に関する基準が定められています。その後も、大地震が発生するたびに建築基準法は改正を重ねてきましたが、大幅に改正されたのが1981年6月でした。1978年の宮城県沖地震を受けての改正で、この改正以前の耐震基準を旧耐震基準、以降を新耐震基準と呼んでいます。

旧耐震基準には大規模地震についての明確な基準がなく、中規模地震では「震度5強程度の地震で倒壊しないこと」とされていました。事実、大工さんの経験で建物を建てることが一般的だったのですが、新耐震基準になってからは「震度6強から7に達する大規模地震で倒壊・崩壊しないこと」「震度5強程度の中規模地震ではほとんど損傷しないこと」という基準が設けられました。その後、1995年の阪神・淡路大震災を受けて2000年にも改正され、さらに基準が厳しくなりました。

Ｑ　耐震のプロが見る中古住宅のポイントはありますか？

Ａ　屋根に使われている瓦の種類を見ます。

中古住宅を購入する際、外から一目見てポイントが高いと思われるのが「釉薬瓦《ゆうやくがわら》」を屋根に使っている物件です。釉薬瓦とは、表面を釉薬と呼ばれるうわぐすりをかけて焼き上げ、化学反応させた瓦のこと。住宅の劣化を早める一番の理由は水であり、屋外から入ってくる雨水をいかに防げるかが、住宅を長持ちさせるための秘訣といえます。その対策として、屋根に良い材質を使えば住宅の劣化防止にそれほどコストをかけずに済み、そのひとつとして有効なのが釉薬瓦なのです。

一方、建物の構造については、一般の方が外から見るだけでは分かりにくいものです。ただ、ひとついえるのは、新築の家は現在の施工の基準に基づいて建てたものですが、その家が果たして30年後もそのままの姿で存在できるのかどうか、誰にも分かりません。その点、**築30年の中古住宅は確かに古くて傷んでいる部分もあるでしょうが、30年間壊れずに建っているのであって、30年間の安全性は実証されている**ともいえます。問題は、その安全性が今後も維持できるかどうかということ。多少の傷みはあっても、「30年でこの程度の損傷であれば十分合格」と判断するかもしれません。

耐震性を求めるにあたって地盤の安定は欠かせないのですが、地盤というものは建物が建ってから30年もすると落ち着いてくるもので、それから後になって大きく動くようなことはほとんどありません。たとえ基礎部分に多少の損傷があったとしても、それ以上損傷が進むこともあまりありません。それでも、そこからさらに損傷が進む可能性があるかどうかは、私たちプロが見極めるようにしています。

Q　中古リノベーションすることの良さとはどんなことでしょうか？

A　家の問題点を改良・改善していく加点式で満足度が高いケースが多いです。

中古リノベーションは、新築と比べるとやりたいことの制限はかなりあります。しかし、リノベーションを終えたお客様からは、「これまでずっと気になっていたり、不便に感じていたことが全部解消されて、大満足です」という言葉をよくいただき、その度に満足度の高さを実感させられます。新築はゼロから家づくりをしていくため、確かに自由度は高いのですが、完成して住みはじめてから、「あそこはこうしておけば良かった」「こっちもこうすれば良かった」などと、どうしても減点法で見てしまいがちで、家に対する満足度も低くなってしまいます。一方、リノベーションは家の問題点を改良・改善していく加点式になるため、家に対する満足度は上がっていくもの。家への愛着もより大きくなるこのすてきな選択肢を、多くの方に知ってもらいたいものです。

Q 「安心R住宅」とは、どのような制度ですか?

A 物件選びの目安になる制度です。

国土交通省の告示により、2017年に創設されたのが「安心R住宅」制度です。本書第3章で触れていますが、耐震性があり、ホームインスペクションが行われた住宅であって、リフォーム等について情報提供が行われる既存住宅に関して、安心R住宅のロゴマークを使って良いということになりました。同省HPによれば、安心R住宅のロゴマークは「国の登録を受けた事業者団体の構成員（会員企業）の責任において、国が定めた要件に適合する旨を表示するもの」とあり、いずれ当社も会員企業のうちの一社となるでしょう。このマークが付いている中古住宅は、耐震性など一定の品質を備えたものであるというひとつの目安になり、物件探しをするお客様にとっても良いことだと思います。

Q　耐震性を高めることのメリットは安全性だけですか？

A　資産価値の向上にもつながります。

耐震工事を行うことは、耐震性を向上して住宅の安全性を高めるのはもちろん、資産価値の向上にもつながるということを皆さんはご存じでしょうか。耐震工事を含むリフォーム・リノベーションを行った住宅は資産価値が高まり、将来売却しようとしたときはプラスに働きます。もちろん、中古リノベーションをしようとしているときに、物件を売却するときのことまで考える方は少ないと思いますが、将来もし手放すことになった場合、資産価値はできるだけ高く評価された方がいいに決まっています。そのためにも、見た目の良さや安全性の高さに加えて資産価値の向上も考慮していただき、耐震工事を含めたリノベーションをおすすめしたいところです。誤解を恐れずにいえば、一般的なリフォームは〝お化粧〟、私たちが行うリノベーションは構造から考えて根本的に作り直す、いわば〝整形〟です。**安心して暮らせる上に、売却するときの資**

産価値向上も望める耐震工事を含めたリノベーションのメリットを、より多くの方に知っていただければと思っています。

今後は構造設計の担当者として、ホームインスペクションにオプションを付けていけるようにしたいと考えています。今のところ、ホームインスペクションに対する一般的なイメージは、「詳しくは分からないけど、これを済ませている中古住宅は一応安全なんでしょう？」というくらいのものでしょう。しかし、ホームインスペクションでチェックする事項以外に、それぞれの物件において不安に感じることもあると思います。これは購入希望者や物件によって、何に不安を感じるかはバラバラだと思うので、こうした不安をオプションという形でチェックできるようにして、私たちがより親身になってお客様の不安を取り除いていくお手伝いができればいいなと思っています。

中古リノベーションQ&A【リノベ編】

【教えてくれた人】

上田健二さん

1976年生まれ。カスケ不動産のデザインブランド「a.n.d. design」設計部課長。矢掛町出身。趣味は旅行！

Q　新築より低予算でデザイン性の高い家を建てることはできるのでしょうか？

A　中古リノベーションは現実的で賢明な選択肢といえます。

個人的な話ですが、私は現在妻と二人暮らしで、年齢はすでに40歳を過ぎています。賃貸マンションで暮らしているので、私たちも「マイホームを持とうか、持つまいか」と考えることがあります。今は晩婚化が進んでいて、私のように40歳を超えてから35年の住宅ローンを組むということが考えづらいというケースも多いでしょう。40歳で35年ローンを組むと75歳まで支払いが続くことになりますが、その歳まで健康で、仕事を続けていられるかどうかと考えると、リスクは高いものがあります。

そうなると、借り入れ金額を少なくして返済期間を短くする方向で考えるのが必然的で、マイホームにかけられる予算は減っていきます。「土地を買って新築を建てるには年齢的に厳しい。ならば、新築よりも負担の少ない方法で家を持つことができないだろうか」と考えれば、中古リノベーションは現実的で賢明な選択肢といえるのではないでしょうか。

リノベーションは物件ごとにデザインは異なり、使う素材や施工次第で仕上がりも少しずつ違ってきます。場合によっては、イチからつくり上げる新築よりもオリジナリティーに富んだものができる可能性もあり、「新築よりもお金はかけていないのに、自分たち好みの家にできた。いい買い物になった」と感じてもらえることも多いといえます。

「お得に家を建てたい。できれば安く、性能もデザイン性も高い家にしたい！」という消費者心理に応えられる有効な手段が中古リノベーションなのです。

そのなかで私たちができることは、限られた予算のなかで良いデザインをお客様に提供することです。「新築よりも安いのにデザインがすてき」「新築と同等の予算だけど広くて快適な家に住める」といったお得感は、中古リノベーションの大きな付加価値といえるでしょう。

Q　いまいち中古リノベーションをするのに踏み切れないのですが……

A　中古リノベーションで叶えた家は、思い入れの深いものになっていくはずです。

新築の場合、更地の上にゼロから建物を建てていくので、一般の方にとって最終的な家の完成図を想像するのは難しいでしょう。その点、中古リノベーションは工事前の状況を実際に見ることができ、リノベーションが終わってガラリと様変わりした家を見て、「あんなにボロボロだった家が、こんなにきれいでオシャレに変わるんだ！」という驚きや感動があるので、満足感もひときわ大きいのだと思います。

建売住宅を購入する場合を考えると、完成品をそのまま購入するということなので、新築に比べれば便利なのは確かです。一方の中古リノベーションは、「自分でつくる」「自分の思うように改良する」といった、〝モノづくり〟の要素が入ってくるため、イメージを膨らましたり、ときにはＤＩＹに挑戦して自分で施工したりするなど、手間はかかりますが、たとえ仕上がりが今ひとつでも、自分が手を加えたものには愛着が湧くものです。必然的に、中古リノベーションで叶えた家は、思い入れの深いものになっていくはずです。

しかし、中古リノベーションに踏み切るハードルは、まだまだ高いのが現状です。それは、見た目があまりに古かったり、汚れが目立ったりする物件を目にした途端、お客様が「とてもじゃないけど、大金をはたいてまでこんなに古い家なんか買えない」と、ひるんでしまうことが少なくないからです。いくら私たちが、「リノベーションすればきれいになりますよ」と言ったところで、目の前のボロボロの物件を買うとなれば誰でもちゅうちょするのは当然のこと。そこで問われるのが私たち設計者側の力量です。リノベーション後の完成イメージをお客様にもっとうまく伝えることができれば、中古リノベーションの需要はもっと伸びてくるはずです。設計者として、プランでお客様に提示した完成イメージをさらに上回るような仕上がりをめざし、満足度の高いリノベーションを提案していきたいと思っています。

Q　イメージ通りの家になるか不安があるのですが、大丈夫でしょうか？

A　不動産と設計のプロがしっかりバックアップして不安のない選択をしていただきます。

この1年以内で私が担当した大型の中古リノベーションは2件ありました。どちらも、中古リノベーションを希望するお客様が、物件探しをされているという情報が不動産部から入ってきて、物件の現場見学に同行してもらえないかと言われたのが最初でした。設計担当の私が現場に同行することで、「ここの壁をなくして、2部屋をひとつの広い部屋に変えられますよ」というような具体的な説明や提案ができるので、お客様にリノベーション後のイメージを描いてもらいやすくなり、物件への興味を高めてもらうことができます。実際、2件とも物件購入してリノベーション工事まで担当させていただいたことで、基本的に設計担当者が現場見学から同行することになりました。お客様の都合にもよりますが、**物件を見学に行く前に、お客様にどういうリノベーションをしたいのか、設計側からヒアリングを行うこともあります。ヒアリングを行う**

ことで、よりお客様の希望に沿った説明や提案をすることが可能になるからです。

これも、不動産売買を専門とする担当者と、私たちのような設計担当者の両方が社内に常駐していることの強みといえるでしょう。大きい買い物をするにあたって、不動産と設計のプロがしっかりバックアップして不安のない選択をしてもらうことは、お客様にとってかなり心強いのではないでしょうか。

お客様が抱いている完成後のイメージをこの物件で実現することができるのかどうか、ある程度判断することができるのも私たちが同行することのメリットだと思います。「自分好みの雰囲気やデザインを、この物件をリノベーションすることでどこまで叶えてくれるのだろう？」「本当にこの物件を買って正解なのか？」など、プロでなければ判断に困ることもあると思うので、そこで頼りにしてもらえるような力量のある設計者でありたいと思っています。

Q　リノベーションの場合、当初の設計が実現できない可能性もあるのでしょうか？

A　どうしても取れない柱や梁などが途中で判明することも。その場合、取れない柱を生かした設計デザインをご提案します。

中古リノベーションの場合、工事で壁や天井を剥がしてみて初めて分かることもあります。どうしても取れない柱や梁などが途中で判明することもあるのですが、その場合には、取れない柱を生かした設計デザインを工夫するなどして、マイナス面をマイナスのままでなくプラスに変えられるような提案をするようにしています。私たちの仕事は、壁紙や内装、インテリア、エクステリアなどに加えて、間取り変更の提案も行いますが、建物の構造の問題も関わってくるので、そこはまた別の担当者の力を借りてプランを作り上げていきます。

Q　あえて古さを残したリノベーションをしたいのですが、可能でしょうか？

A　例えば、古民家がもつ雰囲気をそのまま生かした物件があります。

中古リノベーションで求められるデザインは、基本となるのが中古物件のため、現代的なデザインよりも、昭和や大正時代などレトロなテイストが比較的多いと感じています。現代的なデザインだと、建物とのギャップが大きくなってしまって、お客様の求める格好良さが得られないというケースが多いのです。特に、当社の本社がある倉敷・玉島地区にはいわゆる古民家が多く、しかも築年数が80~100年という物件も珍しくありません。

ただ、そのような古民家は、時間が経過してこそ生まれる素材の風合いや味わいが豊かで、当社では近年、古民家の再生にも力を入れています。現在も古民家をリノベーションしている最中で、住宅とカフェを併設した古民家再生プロジェクトが進行中です。

この古民家再生を依頼した方は、あえて古民家風の物件を探した末に玉島地区へとたどり着いたとのことでした。〝古き良きもの〟を大切にし、古民家が持つ雰囲気をそのままカフェとして生かしたいという思いが、リノベーションの原点にあったそうです。

設計側の立場から、中古リノベーションを行う物件として正直なところ避けたいのが、高度成長期にハウスメーカーが続々と建てていった住宅です。地域の工務店もそれに負けじとローコストで建てた住宅が多いため、**安い建材が多く使われていたり、仕上がりが甘いなど、品質が今ひとつだったりするからです。そのような物件を買うくらいなら、築年数が古いというだけで敬遠せず、古くても造りがしっかりしていて、耐震性や安全性が高く質の良い住宅を選ぶ方をおすすめします。**単純に築年数で判断せず、迷ったら私たちに相談するのもひとつの手段です。

Q　古民家リノベーションの魅力はどんな点でしょうか？

A　本物のレトロ感やノスタルジックな雰囲気を低価格で手に入れられる点です。

古民家リノベーションには、設計者からすると通常のリノベーションとはまた違った魅力や面白さがあります。

例えば、昔の住宅でよく使われていた極太の丸太の梁がすてきだからといって、現在の新築住宅で使おうとしても、現実的には困難です。まず予算的な面で難しいということと、それだけ立派な材木を確保することと自体が難しいからです。しかし、古民家リノベーションの場合は、天井を抜いてみると立派な丸太の梁が姿を現すことも多く、その梁をあえて見せるように、吹き抜けの設計デザインにするケースが多く見られます。新築では実現困難なデザインが、古民家なら実現しやすいということもあるのです。

また、どんなに〝古い感じ〟につくり込もうとしても、本当に古いものが持つ風合いやヴィンテージ感には絶対に勝てません。本物のレトロ感やノスタルジックな雰囲気が漂う家にしたいなら、相応の築年数を経た物件を探すしかなく、そのような古さや年代感を生かしたデザインのリノベーションがこのところ人気を集めているのも事実です。

新築には真似できないレトロな雰囲気の家を、新築よりも低コストで手に入れる中古リノベーションにお得感を感じるだけでなく、新たな価値を見出す若い人たちが、これからさらに増えてくるかもしれません。

Q　中古リノベーションについて、どれくらいの知識を持っておくべきでしょうか？

A　少しの知識とプロへのお任せで賢いリノベーションをしてください。

中古リノベーションを希望されるお客様にもいろいろな方がいらっしゃいます。「何も分からないけど、とりあえず相談しに来ました」という方もいれば、あらかじめ知識を持ってから当社に来られる方もいます。

もちろん、どちらでも私たちは大歓迎なのですが、ある程度知識を持ったお客様は、話し合いのなかで「こういうふうにはできませんか？」などと具体的なリクエストをされたり、細かい部分にまで要望を出されたりなど、「こうなりたい」というイメージがすでに出来上がっています。その場合においては、ある程度自分たちの要望を伝えたところで、細かいプランニングは私たちに任せてくださるのがお客様にとってはベストなのではないかと思います。知識を持った上で任せてもらえると、「このお客様に喜んでもらえるよう、より良いものに仕上げよう」と意気に感じられ、知識のあるお客様から評価されればさらに私たちもうれしくなります。そうなれば、「あの作業で費用が浮いたから、別の部分に回してもっとすてきな仕上がりにしてあげよう」などとお客様に喜んでもらえる工事を考えるようになるものです。

一方、全く知識がない場合でも、「イメージは全然ないのですが、何とかしてください」と丸投げするのも少し困りものです。せめて、「こんな雰囲気に仕上げたいのだけど、どうすればいいですか？」というくらいのイメージは持っていただいて、そこから私たちと一緒につくり上げていくという意識があれば、納得のいく中古リノベーションができるのではないかと思います。

Q　中古リノベーションを失敗しない秘訣はありますか？

A　イメージを持つことと、直接相談してプロの意見を聞くことです。

中古リノベーションは、これから大金を払って購入を真剣に考える中古住宅が工事対象となるので、お客様の本気度も高いはずです。だからこそ、「失敗したくない！」という思いは大きいでしょう。失敗を避けるためには、まず**いろいろな雑誌を読んだり、ネットで調べたりするな**

どしてリノベーションについて勉強することをおすすめします。少しでもいいので知識を持った上で、「こんな雰囲気の家にしたい」「あんな工夫を真似したい」といった要望やイメージをある程度まとめていきます。これを基に、お客様と私たちで話し合いながら一緒に家づくりをしていくのが理想的な流れです。

失敗しないためのもうひとつの秘訣として、物件探しにおける注意点があります。一般的に、**住宅情報誌や業者のホームページで物件探しをすることが多いと思いますが、そこに掲載されているデータだけで物件の善し悪しを判断しないことです。**前述したように、リノベーションを前提に考えると、中古物件には数字だけでは計れない魅力や欠点があるものです。よって、**気になる物件があれば直接相談して、プロの意見を聞くことをおすすめします。**自分が描く具体的なリノベーションのイメージを伝えれば、「この物件ならこんなことができますよ」「そのようなことがしたいなら、こちらの物件の方が向いているかもしれません」などといったアドバイスが受けられる可能性があります。それこそが、本当に求めていた物件にたどり着く近道かもしれません。ベストな選択をするために、自分だけで判断することは避けた方が良いでしょう。

Q　夫婦の意見が分かれているのですが、大丈夫でしょうか？

A　意見が割れることは決して悪いことではありません。

今後、長く住むことになるマイホームですから、当然ご夫婦の間で意見が割れることもあるでしょう。私が担当したケースではまだありませんが、意見が割れることは決して悪いことではありません。逆に、その方が健全ともいえます。なぜかといえば、お互いに言いたいこと、やりたいことをしっかり主張できているということだからです。それぞれ具体的に描いたイメージを持ち寄って、私たちとの話し合いのなかでお互いに納得のいく着地点を見つけていけば良いのです。

一番困るのは、ご夫婦ともぼんやりとしたイメージしかなかったり、「どっちでもいいんですけど……」といった具合に、〝なりたいイメージ〟が曖昧だったりするケースです。このような場合は、私たちも「これでいいのかな……」と手探りでプランニングを進めることになり、なかなか手応えが得られないまま進行せざるを得ないのは、正直なところ不安なものです。

私は以前、岡山市内のリフォーム会社で働いていましたが、岡山は競合他社が多いため、倉敷に比べて競争率も高く、他社に負けじと圧倒的にスピードも早かったものです。一方、倉敷エリアは、岡山市内に比べると競合他社は少ない上、中古リノベーションを手がける会社は岡山市内を含めてもそれほど多くはありません。これも中古リノベーションがまだ浸透していないというひとつの証でしょう。もっと多くのお客様に中古リノベーションの魅力を知っていただき、マイホーム実現の選択肢として選んでもらえるよう、設計者として努力していきたいと思っています。

Q　どのレベルの理想まで、お話しすれば良いのでしょうか？

A　思い切りわがままを言ってください！

家は一生に一度の大きな買い物です。だからこそ、後悔のないように家づくりにおいては思い切りわがままを言っていただきたいのです。「言ってもどうせ実現できないだろうな」と思って言わないままにするのはナンセンス。私たちはご相談いただくお客様に対して、「したいのにあきらめていることはないですか？」「やりたいことがあればとにかく言ってみてください」と常に伝えています。もちろん、構造の問題など条件によってできないことはありますが、**お客様がしたいことを知った上で設計するのと、知らないまま設計するのでは、プランは大きく変わってきます。**

中古リノベーションは物件探しからスタートし、ヒアリングを経てプランニングを行い、工事を経て完成に至ります。これが想像以上に長丁場であり、どこかであきらめたりやる気をなくしてしまったりすると、完成というゴールにたどり着くことはできません。長いスパンでの取り組みになるので、随所でお客様の想いをこまめにくみ取りながら、お客様がどれだけテンションを保って楽しく家づくりを進めていただけるかが、私たちに求められるポイントかもしれません。

お客様の思い描いていたイメージが、さまざまな条件のために実現できず、「結局、こうなるのか。仕方ないな……」ということもあるかもしれません。それでも、「ここがこんなにすてきになった！」「ここは最初のイメージよりも良くなった！」などと思ってもらえるような、少しでも心が弾むような中古リノベーションを、私たちはこれからも手がけていきたいと思っています。

お客様の家づくりを、私たちも一緒に楽しみながら完成まで進めることができたなら、完成した家への満足度も高くなるはず。そんな想いを胸に、私たちはこれからも設計の仕事に邁進していくつもりです。

第 5 章

中古リノベーションのプロがあなたの疑問に全てお答えします！
中古リノベーションＱ＆Ａ

あとがき

我が社がある岡山県は、全国的にジーンズの生産地として有名です。実は、ジーンズの聖地として知られる岡山県倉敷市の児島エリアは古民家の多い地域なのです。古い家に新しい価値を見いだし、あえて古民家をリノベーションして新たな命を吹き込み、すてきなカフェに生まれ変わらせるというケースも増えてきています。

こうした古民家再生も当社では多く手がけています。それは、当社の経営理念にある「企業の永続」が大いに関係していて、**「将来にわたって〝続くこと〟をしていこう」という考えが企業活動のベースにある**からです。家が建って、修繕して、誰かの手にわたって、リフォームされてまた次の人にわたって……という住宅のサイクルに全面的に対応できるよう、当社ではワンストップサービスを行っているのです。60年、70年、100年と住み継がれていくことで、家がその町の資産になっていく過程に携わることができる事業はとても意義のあること。倉敷のような歴史ある町で、この有意義な事業を続けていきたいという思いから、「住み継ぐ家、まちづくり。」を会社のミッションとして掲げています。新築、リフォーム、リノベーション、不動産仲介など各事業を継続して積み重ねていくことで今後もまちづくりに貢献していきたいと考えています。

さらに新たな取り組みとして、介護事業をはじめました。住宅は人が住む「箱」ですが、箱を提供するだけでなく、そこに住む人の暮らしを充実させたいという思いから、はじめたのです。

また、企業内保育も力を入れはじめました。当社には保育が必要な子供がいる社員が現在3名います。その社員たちが安心して働き続けられるための措置であることはもちろんですが、その延長で、地域住民の皆さまからも受け入れができるようになれば、生活サービスの新たな事業化も可能になります。

こうした**「住まい」「暮らし」に関わるサービスと併せて取り組みたいのが、リノベーションによる「まちづくり」**です。築100年超の蔵をリノベーションして「まちの駅」のようなものをつくる計画もあり、リノベーションで人が集まるスポットを生み出すことは魅力あるまちづくりにつながるはずです。

私はトライアスロンが一つの趣味なのですが、広島県の尾道駅前にある複合施設「ONOMICHI　U2」は素晴らしい。海沿いの古い倉庫を活用し、倉庫内をひとつのまちに見立ててカフェや雑貨店、ホテルなどを盛り込んだ複合施設で、ホテルには自転車ごとチェックインして室内まで持ち込めるのです。今はネット社会ですから、泊まった方がSNSで世界中に発信し、それを見て来られる方もある程度見込めるでしょう。まちづくりの一環として、倉敷の古民家をリノベーションし、そしていつか、「倉敷を自転車の聖地にしたい」という夢を叶えたいと思っています。

新しい宿泊施設を建てるために田んぼを埋め立てて商業開発するのではなく、**今ある建物を再生して味わいのある場所を生み出し**、そこでおいしいものが食べられるようにしてにぎわいを生み、さらに人が呼び込めるまちにする。そうすれば**もっと魅力的なまちになり、そこに住みたいと思う人が増えて人口が増える。まちに働き手が増えて活気が生まれる……という好循環を生み出したい**のです。**リノベーションはそれを実**

現する大きな可能性を秘めていると思います。

もちろん、これは20年、30年という長いスパンで考えなければならないプロジェクトであり、一朝一夕にできることではありません。しかし、そんなまちづくりを実現したいという将来のビジョンを描きながら、これまでもこれからも地域に根ざした企業でありたい。私はそう思っています。

カスケホーム 株式会社安藤嘉助商店
代表取締役 **安藤 辰**

岡山でこれから家づくりをはじめる人に知ってほしい
中古リノベーションというすごい選択

2019年9月30日発行

著　者　安藤 辰
発　行　株式会社ザメディアジョン
〒733-0011 広島市西区横川町2-5-15 横川ビルディング
TEL/082-503-5035
FAX/082-503-5036

印刷所　株式会社シナノパブリッシングプレス

ISBN978-4-86250-551-4